SUEGRAS

Técnicas y estrategias para la "supervivencia"

Beatriz Goldberg

SUEGRAS

Técnicas y estrategias para la "supervivencia"

Goldberg, Beatriz
  Suegras: técnicas y estrategias para la supervivencia. - 1ª. ed. -
Buenos Aires: Lugar, 2004.
  160 p.; 23x16 cm.

  ISBN 950-892-177-3

  1. Relaciones Interpersonales I. Título
  CDD 158.2

Todo comentario sobre el tema será valorado, hágalo llegar a:
psico@beatrizgoldberg.com.ar / www.beatrizgoldberg.com.ar

Ilustraciones de interior y tapa: Melina Canale
Diseño de tapa e interior: Verónica Codina

Queda prohibida la reproducción total o parcial de este libro, en forma idéntica o modificada y por cualquier medio o procedimiento, sea mecánico, informático, de grabación o fotocopia, sin autorización de los editores.

ISBN: 950-892-177-3
© 2004 Lugar Editorial S. A.
Castro Barros 1754 (1237) Buenos Aires
Tel/Fax: 4921-5174 / 4924-1555
e-mail: lugared@elsitio.net

Queda hecho el depósito que marca la ley 11.723
Impreso en la Argentina – Printed in Argentina

Cualquier semejanza con la realidad no es fruto de tu imaginación ni de la casualidad. Los casos y escenas que aquí se presentan son totalmente reales.

Índice general

¿Es posible sobrevivir a una suegra? 11

PRIMERA PARTE: UNA SUEGRA ES UNA SUEGRA 15

1. Todo lo que siempre quisiste saber sobre tu suegra y nunca
   te animaste a preguntar 17
   La metamorfosis 21
   Estás en dificultades con tu suegra si... 23

2. Cómo medir la "ayuda" de tu suegra según la escala de Richter . . . 25
   Magnitud 1. Generalmente no se siente, pero es registrada 27
   Magnitud 2. A menudo se siente, pero sólo causa daños menores . 28
   Magnitud 3. Puede ocasionar daños severos 29
   Magnitud 4. Causa graves daños o la destrucción total 30
   Distintas estrategias para lograr que tu suegra se vaya de tu casa . 33

3. Atrapada entre dos fuegos. ¿Tendré que divorciarme de mi madre? . . . 37
   Cuestión de estilo 39
   Algunas sugerencias para no desesperar 44

4. El hijo de la suegra (ese tesoro que no merecemos) 49
   Nuestra pareja, ¿mediador o querellante? Esa es la cuestión 50
   Hombres eran los de antes 53
   Hijo a perpetuidad 54
   Casos de libro 56

   Test: ¿Tengo un marido creativo o un *zombie* sin remedio? 57

   Un modelo de hijo 59
   "Como mi madre no hay otra" 60
   Claves de la armonía o reglas de oro de la convivencia 62

5. ¿Y nuestro suegro qué? 65
   Suegros y suegros. ¿Qué clase de suegro me tocó en el sorteo? . . 67

6. A falta de suegras, buenas son las cuñadas 71
   La hermana de mi marido. 73

    La concuñada 75
    Cómo aislar a una cuñada 76

7. Suegras de antaño... ¿mejores o peores? 77
    El juego de las diferencias 79

8. La figura de la suegra en la mitología griega y los textos bíblicos.
Suegras de la historia (más conocidas que la mía) 83
    El rol de la suegra en los mitos clásicos 83
    Ritos, creencias y tabúes acerca de la suegra 85
    Y serán un solo cuerpo 86
    Consejos para suegros 89
    La suegra de Terencio, un modelo de humanidad 91
    Suegras de la historia (más conocidas que la mía) 92
    Todas tenemos algo de diosas 93

    Test: ¿Qué nivel de influencia tiene "ella"
    en tu familia-pareja-hijos? 96

SEGUNDA PARTE: CASOS Y COSAS DE LA SUEGRA 103

9. Suegra con cama adentro 105
    Circo romano 106
    Infierno en la torre 106

10. La ex 111
    La señora de los anillos 112
    Charlando con su ex 114
    Rotas cadenas 115

11. Una trampa mortal: las "cómplices" de las nueras 117
    Cómo desarmar la trampa 119

12. Las que son... difíciles de igualar 121
    Una abuela en apuros 121
    No todo lo que reluce es oro 124

13. Relaciones peligrosas. Arde troya: la empresa familiar 127
    Cuando tu pareja trabaja con el suegro 128

Cuando tu pareja trabaja con el padre 128
Tu madre, tu socia 129
Cuando la nuera trabaja con la suegra 130
Cuando la pareja trabaja junta 130
Arde Troya: la empresa familiar 130

14. Suegras "sobreocupadas" *versus* suegras "desocupadas" 135
¿Con quién dejo al nene? 135
Desfile de suegras. Tres botones para una muestra. 136
Sugerencias para mantener "ocupada" a una suegra 139

15. La "suegrastra", una enemiga en común 143
Parecen, pero no son 143
Suegro reciclado a nuevo 144
Algo en común 145

16. ¿Y si ya no la tengo? Cómo sobrevivir sin suegra 147
Lidiar con un fantasma 149

17. La excepción que confirma la regla: suegras que nunca dan problemas 151
Requisitos para que una suegra sea considerada "persona grata" .. 155
El loco circuito de la comunicación con una suegra 156
Palabras finales 159

• SUEGRAS •

¿Es posible sobrevivir a una suegra?

Desde la mitología a la Biblia, desde el Código Civil a las revistas de actualidad, la figura de la suegra ha sido siempre un personaje significativo y es motivo de charlas en la peluquería, en los cumpleaños de los hijos, en las reuniones entre amigas y hasta en las colas de los bancos. ¿Quién no ha disfrutado de las delicias de contarle a alguien lo último que hizo su "amada" suegra?

Ya sea que viva en otra parte del mundo o a la vuelta de la esquina, cada suegra tiene la capacidad innata de tocar el punto más débil de su nuera en el momento menos oportuno y llegaste hasta las fibras. Madres y esposas abnegadas, ejecutivas exitosas, humanistas destacadas y hasta médicas sin fronteras italianas, españolas, argentinas, mahometanas, católicas y judías, en una palabra: todas las mujeres pueden terminar desplomándose aunque luego se destornillen de risa ante un comentario sutil de su querida suegra.

Así como Alejandro Magno se valía de tácticas y estrategias para poner a raya a sus enemigos, también tú, querida lectora, deberás usar variados recursos si quieres evitar que tu suegra te derrote. ¿Has pensado alguna vez QUIÉN goza hoy de la recompensa a su sacrificio, sus angustias y privaciones (¡y cuántas noches en vela!)? ¿QUIÉN disfruta hoy de su costosa inversión material y afectiva de toda una vida? El premio a su esfuerzo tiene para ti un costo emocional muy alto, ya que en verdad es una deuda impagable como la de América Latina con el FMI. Hagas lo que hagas, siempre estarás con el saldo en rojo y jamás llegarás a "déficit cero" menos aún si lo pagás con tu superavit afectivo.

No creas que las distancias geográficas o el hecho de que una suegra ya no habite "el Reino de los Mortales" podrán impedir el intercambio con ella, ya que todos —incluido el hijo, "nuestro amor"— llevamos un registro inconsciente de pautas, mensajes y modelos de relación aprendidos en nuestra más tierna infancia que deslizamos en el momento menos esperado. A la hora de vivir una situación apremiante comienzan a resonar en nuestro interior algunos de estos mensajes cuasi obligatorios que no siempre son "salvadores". Las experiencias de vida pueden suavizar o acentuar estos modelos, pero constituyen referentes inconscientes que, si no son trabajados en forma adecuada, tarde o temprano influirán en nuestra relación de pareja.

Una se casa también con "la familia" decían nuestras abuelas, ¡y cuánta razón tenían! Quizás en los tiernos albores de nuestra relación, con la pasión y el idealismo de los comienzos, todas hayamos pensado que esta máxima de hierro jamás nos alcanzaría. ¡Vanas ilusiones! Cada integrante de la pareja forma parte de un "paquete" indisoluble que es su familia de origen. Podríamos decir, para no abandonar la metáfora económica (tan recurrente en nosotros en estos tiempos), que así como los movimientos internacionales de capitales repercuten en todos los países a causa de la globalización, también en el matrimonio se produce una especie de globalización familiar que impide que unos miembros del "paquete" puedan mantenerse completamente al margen de los movimientos de los otros. En el combo vienen algunas costumbres "familiares".

Cuando decidí escribir este libro sentí que este tema les tocaría hondo a todas las personas. Al comentarlo entre conocidos y pacientes todos risueñamente me prometían aportarme datos. Al investigar fui descubriendo que ha sido conflictivo desde el principio mismo de los tiempos (exceptuando, claro está, a Adán y Eva, que se salvaron de tener una suegra, gracias a lo cual a él jamás pudo ocurrírsele que ella no cocinaba las milanesas como su mamá). Para bien o para mal, hasta la dramaturgia más respetable se ha ocupado de este personaje. Mi idea ha sido entonces tratar de hablar de esta sombra para encontrar la luz en el crecimiento y el intercambio. Estoy segura de que podrás elaborar una solución "personalizada" de acuerdo a cómo sea la tuya.

Si bien es universal el concepto de que la suegra odia más a las nueras que a los yernos, en algunos casos es el hombre quien tiene el conflicto con ella. Por eso este libro también está dedicado a aquellos maridos poseedores del "karma" de la suegra. Y como aunque cueste creerlo hay nueras —como la bíblica Rut— que jamás han tenido nada que cuestionarle a este noble personaje, también ellas tienen un lugar (el último) en este libro.

¿Nunca debemos bajar la guardia? ¿Desde el primer saludo conviene delimitar el área? ¿Sólo es posible mantener la paz si ella reside en otro continente? ¿De qué bando está nuestro compañero? ¿En qué situaciones es prudente un repliegue para luego poder devolver el ataque? ¿Qué hacer cuando dicen que quieren ser nuestras amigas? ¿Cómo evitar sentirse una extranjera en la alianza entre nuestra pareja y su querida madre? ¿Durará para siempre? ¿Podremos nosotras ser mejores suegras? ¿Es mejor la de mi vecina?, ¿la de mi amiga?, ¿la de mi cuñada? ¿Cuál es el papel del suegro?

En este libro te ofrezco algunas respuestas a estas preguntas así como juegos y tests que te ayudarán a enfrentar con éxito distintos conflictos que se presentan en el intercambio con tu suegra, y a verte a ti misma poniéndote en el lugar de tu nuera. He seleccionado algunos casos de mi experiencia en el consultorio y también de gente conocida que se ha mostrado sumamente interesada en aportarme datos (y, por qué no, incluso de mi propia experiencia como nuera y suegra). Pero también incluí chistes y *graffitis* con suegras porque los hay en abundancia y porque también de ellos se puede aprender mucho ya que reflejan nuestros temores, sensaciones y sentimientos. No existe una fórmula universal e infalible para resolver todos los conflictos, por eso encontrarás un abanico de casos y soluciones en los que seguramente podrás verte reflejada y reírte de aquellos que te hagan acordar a la suegra de tu vecina, la de tu cuñada o la de tu mejor amiga. Asocia tranquila...

Como en mis libros anteriores, también aquí apunto al objetivo de que las **crisis deben servir para crecer y producir cambios positivos, por lo que es importante tener una *actitud activa y plástica*. Está en ti darte cuenta de tu situación para luego poder encender el motor de los cambios. ¿Estás dispuesta a poner primera? ¿Arrancamos?.**

PRIMERA PARTE
Una suegra es una suegra

1
Todo lo que siempre quisiste saber sobre tu suegra y nunca te animaste a preguntar

> Decía mi tía Raquel:
> —Yo, de mi hijo, no puedo quejarme. Me da todo lo que una madre espera de su hijo varón: es buen hijo, buen padre y mal marido.

Este capítulo comienza con un juego. Cierra los ojos e imagina que estás pasando por un momento de tu vida en el que todo te sale mal: tu hija adolescente se levantó diciendo que se veía gorda y te ha advertido que no piensa probar bocado en las próximas cuatro semanas, en la empresa tu compañero se tomó las vacaciones justo ahora que recibieron la grata noticia de que tendrán una auditoría, tu PC no reacciona ni siquiera a la tecla de encendido y tu madre llamó por teléfono muy temprano diciendo que no quería preocuparte, pero anoche creyó descubrirse un pequeño bulto en el pecho. Todo eso justo ahora que estás con un nuevo proyecto laboral en la cabeza.

¿Qué es lo primero que viene a tu mente? ¿Que todos estos problemas son fruto de la casualidad? ¿Piensas que el caos de esta mañana obedece únicamente a las inexorables Leyes de Murphy, o acaso lo atribuyes a la intervención de alguien... "especial"? Anoche, casualmente, fueron a cenar a la casa de tu suegra y todo estaba hasta ese preciso momento en perfecto orden. Aunque... pensándolo bien, en cierto momento comentaste algunos detalles sobre ese proyecto que tan interesada te tiene y creíste adivinar en ella una velada sonrisa...

Si bien todos somos seres pensantes y sabemos que nada está exento de una explicación razonable (tu hija se encuentra en la edad difícil y no hay nada que la conforme, la computadora es del tiempo de la escarapela, y la mejor amiga de tu madre acaba de hacerse un chequeo donde le encontraron un nódulo, afortunadamente benigno), no pocas personas —incluso las más cerebrales— tienden a asociar, al menos por un instante, este oscuro panorama a alguna intervención mágica (léase: hechizo, maleficio, brujería) de su suegra.

¿Será que la envidia forma parte de la constitución biológica de toda suegra? Ningún científico ha podido demostrar que en algún lugar del cuerpo de este personaje se encuentre la glándula secretora de la envidia. ¿Por qué, entonces, no pensaste en tu suegro, vecina, etcétera?

Con este juego de asociación libre, donde lo importante y esclarecedor es justamente lo primero que se nos ocurre, pretendo ilustrar algo que diariamente observo en el consultorio: no es verdad que en la consulta los pacientes únicamente hablen de su madre; también recuerdan a la suegra, quien se ha convertido en otro personaje de gran significación en sus vidas. Esto parece dar por tierra con el principal argumento freudiano, pero pensemos que toda suegra es la madre de alguien...

Son numerosas las culturas primitivas que confirman plenamente la existencia de tabúes con respecto a la suegra. Muchos indígenas masculinos temían al contacto con la madre de su mujer. Entre los navajos y apaches el marido no debía mirar a su suegra nunca ni pronunciar su nombre, ni mucho menos dirigirle la palabra. En caso de necesidad de comunicación, una tercera persona debía actuar de intérprete.

Los múltiples conflictos que se presentan en la relación con una suegra tienen raíces muy profundas que fueron expuestas hasta por el mismísimo Freud, quien señala que incluso en los pueblos civilizados estas relaciones "constituyen uno de los lados más espinosos de la organización familiar", ya que en general entrañan algo que favorece la hostilidad y hace muy difícil su vida en común. "A mi juicio —dice—, trátase aquí de relaciones ambivalentes compuestas a la vez de elementos afectuosos y hostiles." Todos se han ocupado vaya uno ha saber por qué de éste personaje.

También K. G. Jung se explayó sobre este personaje al hablar de los arquetipos del inconsciente colectivo. Estos arquetipos son como "huellas" de experiencias repetidas y comunes a toda la humanidad, que no son copias de las cosas sino meras aproximaciones. Entre tales representaciones universales de la especie se encuentra, según Jung, el arquetipo de la suegra, el que se presenta, de acuerdo con sus propias palabras, como "una bruja revolviendo un caldero mientras piensa y piensa", (qué daría uno para saber en qué).

No quiero decir que todo el mundo tenga una relación conflictiva con la nueva familia, pero si es cierto que la ambivalencia es un signo de las relaciones humanas; hay casos en los que esta característica parece llegar a extremos impensables en la relación con una suegra. Claro que, si somos sinceros con nosotros mismos, tendremos que admitir que desconfiamos cuando nos dice que nos quiere como a una hija o investigamos como quiere a "su hija" o nos tiene de hija. Luego del momento de la bronca, a nuestros propios padres seguramente les perdonemos más cosas que a nuestra suegra aunque disten mucho de ser maravillosos. Ella es nuestro blanco preferido a la hora de la crítica y debe someterse al tribunal más severo y estricto del mundo: la opinión de su nuera (el fiscal del Diablo). Difícil pasar esa prueba, ¿no?, en el fondo de nuestro corazón.

Recuerdo el caso de mi paciente Marcela. Ella había decidido que la mejor manera de evitar los clásicos roces con su suegra (que se asemejaban a la colisión del Titanic contra el iceberg en las frías aguas del Atlántico) era no relacionarse en absoluto con ella. Prefería mantenerse más allá del bien y del mal a sentir que debía rendir examen en cada reunión familiar. A nadie le gusta ni lo beneficia sentirse observado constantemente, pero trabar un vínculo distante como ocurría en tiempos de nuestras abuelas no es la solución. Planifiquemos mejor técnicas y estrategias para "sobrevivirla".

El caso de mi paciente Ana era diferente. Ella había cambiado de peinado, de trabajo y hasta de religión para lograr contentar a su flamante esposo, muy apegado a su familia. Creía que de esa forma, si bien ella misma no sería del todo feliz, al menos lo sería su familia política y, por ende, su querido compañero. Al principio, mientras la pareja pasaba su luna de miel, todo iba sobre ruedas. Pero luego comenzaron las crisis y, sin quererlo, Ana empezó a pa-

Pero luego comenzaron las crisis y, sin quererlo, Ana empezó a pasarle a él la factura de su identidad cambiada. Pensemos entonces que no es bueno perder la individualidad con el fin de agradar a otro (menos que menos si ese otro es nuestra suegra).

Por supuesto que no todos los casos son tan extremos. Recuerdo el de mi paciente Mercedes, que tenía lo que se dice vulgarmente "mucha personalidad" —aludiendo con esto a tener los objetivos muy claros—, aunque la futura suegra no se privó de ponerle innumerables escollos por ser la pareja de Julio, el hijo menor de una familia donde todas las cualidades las tenían sus hermanos.

Mercedes siempre había soñado con un marido bueno y pensaba que por fin lo había conseguido, pero creía que a él le faltaba empuje y muchas veces sentía que era su polo opuesto. Ella se había ido de su provincia a vivir a la capital y había tenido que atravesar por el ritual del alejamiento, mientras que él estaba cada vez más apegado a su familia. Habían decidido casarse porque ella estaba embarazada y, antes de la boda, la madre de él la había sometido a varias pruebas de fuego tales como decirle "Tu hijo va a ser bienvenido mientras sea de mi hijo", "No esperaba mi primer nieto de Julio", "Nosotros nos reunimos todos juntos martes, jueves y domingos" y otras perlitas por el estilo.

Imagínense ustedes queridas lectoras, ¿tendrán unas ganas enloquecedoras de entrar a tan **sublime familia**?, ¿desearán pasar tan hermosos e inolvidables momentos en su compañía?, ¿les seduce ésta cercana y paradisíaca situación?

Mercedes comenzó la terapia después del nacimiento de su bebé y logró cambiar algunas cosas en su vida. En primer lugar, se hizo cargo de levantarle la autoestima al marido para que las hipercríticas de su madre no minaran la relación entre ellos. También empezó a encontrar algunas actividades activas para desarrollar juntos durante los días pautados para el encuentro familiar y de esa forma tuvieron menos probabilidades de escuchar las nefastas comparaciones con los hermanos de Julio. Y fundamentalmente, trató de que ambos se centraran en su propia familia, para lo cual incentivó en su pareja el rol paterno. Cada día sentía más placer en compañía de sus hijos.

Cada pareja puede encontrar una solución a su medida cuando se trata de mantener a prudente distancia del hogar, y con el filtro adecuado para cada momento, cualquier intervención que podría llegar a dañarla. Aunque pueda parecer que el esfuerzo es enorme, el cambio es posible. **La terapia muchas veces puede evitar que el ciclón lo destruya todo y lograr que comience una tarea de reconstrucción a partir de bases completamente distintas.**

> Quiero darte un consejo desde el fondo de mi alma: nunca caigas en la trampa de creer que tu suegra te quiere "como a una hija". Ella no dejará pasar por alto ninguna de tus debilidades y defectillos porque estará observándote con una lente deformada. Y en el mejor de los casos que de verdad te quiera, debes saber que se trata de un amor condicionado (todas las suegras tienen en su haber una cuota de competitividad y rivalidad con la nuera). Por eso es tan importante que siempre seas fiel a ti misma.

Y recuerda que las soluciones mágicas no existen, como tampoco existen las brujas (pero que las hay... las hay).

La metamorfosis

En la famosa novela de Kafka, un hombre se transforma en un insecto monstruoso. ¿Has comprobado los increíbles cambios que parece experimentar una suegra después del compromiso del hijo?

Te propongo otro juego: cierra los ojos y recuerda el feliz día en que conociste a la que hoy es tu suegra. En aquella ocasión es probable que te haya observado de arriba abajo restándole importancia al hecho, pero a la vez con todos los radares encendidos. Seguramente esta primera impresión le habrá permitido labrar un completo y preciso *identikit* en cuestión de segundos sin abandonar la expresión emocionada de estar viviendo uno de los momentos "más felices" de su vida. Quizás hasta ella misma haya evocado su primer encuentro con su suegra (encuentro que se ha encargado de criticar fervorosamente durante toda su existencia). Sin embargo, esa misma persona que en aquel entonces creíste que era tan inofensiva (¡parecía tan frágil e ingenua en su hablar!) y a quien no podías siquiera imaginar entrometiéndose en tu vida terminó por recriminarte tu mala administración de los gastos del hogar y culpándote de las fiebres del nieto y hasta de los fracasos laborales del amado hijo.

¿Qué fue lo que ocurrió con ella para que obrara semejante transformación? ¿No mostró su verdadera identidad en aquel primer encuentro contigo? no mostró su hilacha. Vimos parte del tejido y se guardó la mejor para más adelante... ¿Fue el temor a los eventuales "logros" de su nuera lo que la llevó a convertirse poco menos que en la madrastra de Cenicienta? ¿O se trataba, en realidad, de la versión femenina del Dr. Jeckyll y Mr. Hyde? ¡Qué poder de transmutación!

Hay suegras que sufren un cambio de ciento ochenta grados cuando están con una de sus nueras porque hasta la más santa y sagrada, si Dios le ha dado muchas nueras o yernos, se permite tener mayor afinidad con alguno de ellos. Esto no es criticable cuando está justificado por intereses comunes o una historia parecida. Puede ser que una suegra se lleve mejor con esta nuera que es sencilla, trabajadora y emprendedora porque ella misma siempre ha sido así (y todavía lo es), o que admire su actitud justamente porque nunca en su vida pudo volar con alas propias debiendo esperarlo todo del marido. Claro que hay casos en los que simplemente una suegra utiliza estas diferencias para "dividir y reinar". Así como hay madres que provocan el enfrentamiento de sus hijos, hay suegras que siembran rencores por un sentimiento de inseguridad. Muchas veces, tras una imagen de matronas con poder se esconden personas frágiles y sumamente dependientes. Tienen pánico a "perder su reinado". A veces quiere hacer migas con una de ellas para criticar a la "otra" que no está a la altura de ellas y menos de su querido hijo.

A lo largo de los años, tanto en la clínica como en el consultorio he podido comprobar que un gran porcentaje de pacientes tienen, como común denominador en sus quejas, el sentir esta increíble transformación en el vínculo con su suegra (generalmente, no para bien). Las relaciones personales dependen de muchísimas variables, como la historia de cada uno y de sus propias parejas, y pequeños desastres económicos, laborales y hasta inconscientes que nunca faltan en las mejores familias. Es totalmente diferente el trato cuando apenas se "juntan" o cuando tienen nietos chicos, en estas situaciones los celos y la competencia de ellas se incrementan y los cambios son mucho mayores. Todos estos "mambos" hacen que los vínculos vayan transformándose con el paso del tiempo y sufran altibajos, pero también les dan la plasticidad suficiente para poder trabajarlos y mejorarlos (o, en casos extremos, tomar distancia luego de varios intentos frustrados). Vamos a ver a lo largo del libro distintos casos y cosas.

Lo importante es saber que todo tiene solución cuando se juega para el mismo equipo. Si tus suegros aman al hijo (tu pareja), entonces lo lógico es que quieran lo mejor para él, su bienestar y salud mental (aunque esto, que parece tan obvio, no siempre es así). Cada uno debe hacer su trabajo interior, enfrentar sus propios fantasmas y **tratar de transformar debilidades y flaquezas en fortaleza y crecimiento**. Sobrellevar esta cruz sin caer rendidos a sus pies.

En el conflictivo vínculo con tu suegra es imprescindible que exista una base emocional sólida para que la acción de sus "dardos", conscientes o inconscientes, no repercuta en la armonía de tu pareja. Ella conoce a la perfección a tu noble compañero, sabe de memoria cuál es su talón de Aquiles y atesora una colección de historias secretas e inconfesables que le dan una ventaja infranqueable. Pero además tiene la virtud y habilidad de hacerte notar, con hechos o con palabras, todo lo que "la víctima" de su hijo pierde en la negociación con su pareja. Cuando hay bajos niveles de gammaglobulina emocional, puede infiltrarse el virus de un comentario suyo y causar verdaderos estragos en la relación. Por eso, querida amiga, te recomiendo no dilatar el momento de enfrentar el problema, ni esconderlo debajo de la alfombra como si se tratara de un polvillo molesto (porque es allí, justamente, donde irá a buscar una suegra).

Ella conoce todos los rinconcitos y trampitas, (no te olvides que ella también fue nuera).

Estás en dificultades con tu suegra si...

- Te llama justo en esos horarios en los que has programado tu actividad favorita (desayunar tranquila, darte un baño de in-

mersión, hacer yoga, etc.).
- Llega antes de la cena, "cinco minutitos solamente", con una provisión suculenta de golosinas para tu hijo.
- Te cuenta los últimos estrenos cinematográficos y teatrales justo en la época de tu puerperio.
- Llama a tu marido en horario de trabajo y, "como sin querer", desliza el tema de sus próximos análisis clínicos y motivos de visita al médico.
- Te deja mensajes en el contestador en el horario en que sabe que no estás en casa.
- Cuando en estos tiempos de crisis le cuentas que hacen malabarismos para llegar a fin de mes, ella te habla de lo bien que siempre administró su hogar y que, por su larga lista de privaciones, nunca tuvo esas dificultades.
- Aunque te sientas muy segura contigo misma terminas reconociéndole que nadie resuelve TODO como ella.
- Te cuenta sus problemas con tu suegro como dándote pie para que le transmitas información sobre el intercambio de palabras que tuviste anoche con el hijo.
- Quiere recibirlos todos los domingos cuando sabe perfectamente que ustedes acaban de asociarse a un club de fin de semana.
- Les obsequia un detallado inventario de las peripecias que pasó para poder tenerlos felizmente a la mesa esa noche.
- Convence a todos de sus virtudes y sutilmente "sus defectos".

Lo ideal es evitar engancharse en estos juegos desvalorizantes y, si puedes, tomarlos con un poquito de humor. Sé que no es fácil, pero piensa que hay gente que sufre cosas peores que estar con la suegra, cada una tienen que aguantar a la suya. Y que si ella tiene necesidad de recurrir a estos ardides aparentemente bienintencionados es porque tal vez, en el fondo, no se sienta tan segura y dueña de la verdad como se muestra. Cambiemos la perspectiva... Probemos...

2
Cómo medir la "ayuda" de tu suegra según la escala de Richter

—¿Qué tal es tu suegra?
—Encantadora...
¡...de serpientes!

A las suegras siempre se las cataloga de entrometidas, metepúas, arpías y otros calificativos del mismo tenor porque siempre tienen algo para decir. Y ese algo suele ocasionar daños severos cuando no la destrucción total (aunque no siempre es necesario que ella abra la boca para liberar su energía sísmica).

La siguiente escena podría desarrollarse en el living de tu casa uno de esos días en que "ella" está de visita de regreso del médico. Miras el reloj impacientemente esperando que llegue tu pareja. Sabes que posiblemente tendrá la confirmación de un ascenso a ese puesto con el que soñaba desde hacía años, por el que compitió duramente y que les permitirá anticipar la cancelación del crédito hipotecario. Justo en el momento en que tu suegra está hurgando en su bolsa con radiografías y análisis de todo tipo llega él con una botella del champán más caro (dentro de las posibilidades de ustedes) que encontró en el almacén de la esquina:

—¡Tengo una noticia bomba para festejar! —anuncia, con una sonrisa que le ocupa toda la cara.

—¡Qué suerte! Por lo visto... hay buenas nuevas —le das un beso y partís rumbo a la cocina en busca de esas copas lindas reservadas para ocasiones especiales.

Tu suegra, algo molesta por haber sido forzada a interrumpir su acostumbrado monólogo, dice de pronto:

—Tanto revuelo si mis análisis no salieron tan bien...

—Siempre hay cosas para festejar —respondes conciliadora.

—Algunos pueden —acota ella.

Haciendo oídos sordos a la última intervención de la mamá de tu compañero vas nuevamente a la cocina a buscar... cualquier cosa... con tal de "salir de la situación"...

—"Gerente de ventas", ¿qué tal? Todavía no lo puedo creer... ¡Por fin se me dio! —sigue diciendo él mientras camina animadísimo por todo el living.

De pronto "ella" corta el aire con una pregunta:

—¿Vos estás seguro de que YA ES UN HECHO?

—Me lo confirmó Jefferson, mi jefe —mientras va sirviendo vuelca el líquido sin saber por qué el pulso le tiembla así.

—Hoy en día —concluye ella como toda una experta en Recursos Humanos—, primero te ascienden y después te despiden. Así le pasó a tu primo Juan Carlos y terminó de patitas en la calle.

Cada uno a su estilo —él pálido y vos roja de furia— tratan de continuar con el (hasta cinco segundos atrás) ansiado brindis.

Analicemos en detalle la escena anterior. Vimos que al principio tu suegra trata de mantenerse en un primer plano hasta que siente que el agua le llega al cuello y que tiene que involucrarse mínimamente en la situación. Su visita coincide con un motivo de festejo, pero no se trata de ella ni de sus alegrías. Cuando advierte que perdió protagonismo decide recuperarlo cueste lo que cueste. Sabe que debe alegrarse, pero encuentra un nuevo motivo, muy actual, para pincharles el globo a vos y tu compañero (siempre es posible ser un perfecto desdichado).

¿Acaso te suena familiar esta secuencia? Estoy segura de que alguna vez te habrá pasado algo por el estilo.

Así como los sismólogos usan la escala de magnitud de Richter para representar la energía liberada en cada terremoto, también los psicólogos estudiamos y medimos la amplia gama de **actitudes posibles, conscientes e inconscientes**, que existen en la comunicación entre las personas, y sus **efectos potenciales**. En el caso del tema que nos ocupa, queridos lectores, luego de años de investigación hemos llegado a la siguiente conclusión: las intervenciones de una suegra pueden causar distintos niveles de daño psíquico.

Dicen que cada terremoto tiene una magnitud única, pero que

• SUEGRAS •

sus efectos varían grandemente según la distancia, la condición del terreno, los estándares de construcción y otros factores. De la misma forma, cada intervención de tu suegra (gesto, mirada, silencio, reproche, acto fallido) generará en su entorno efectos de diversa índole según la historia individual, la etapa personal que estén viviendo, la situación del país y el mundo, el grado de autoestima que tengan y la mayor o menor sensibilidad del momento. En el caso anterior, por ejemplo, **el golpe mortal de tu suegra,** aplicado diez años atrás, probablemente no habría provocado el shock de esa tarde.

Pero todo en esta vida tiene sus vericuetos y también la conflictiva relación con una suegra. Así como hay ciudades con mayor probabilidad de sufrir cataclismos, por lo que sus autoridades toman recaudos de diversos tipos, también existe una tendencia en cada suegra a manifestarse en una determinada magnitud, pero eso no significa que se enquistará en ella (¿dónde está, si no, la sal de la vida?).

Hecha esta aclaración, veremos cuáles son los **rangos de magnitud de los distintos efectos** que puede provocar en su entorno la participación de una suegra.

Querida lectora la invito a imaginarse los distintos rangos... si asocia libremente una situación parecida de su vida, es fruto de mera casualidad...

Magnitud 1
Generalmente no se siente, pero es registrada

Incluye el amplio espectro de sus bocadillos gestuales o intervenciones mudas. Dentro de éstos también existen diferencias de sutileza, ya que no es lo mismo una mirada "vacía" que una mirada falsa o acusadora. Los objetivos de estas intervenciones pueden ser buscar alianzas, descalificar sin llegar a provocar daños severos o simplemente cambiar el foco de atención hacia ella.

Importa también en este caso la "frecuencia" de sus irrupciones. Supongamos que te despidieron del trabajo hace un mes y acabas de enterarte de que estás nuevamente embarazada. Un gesto de indiferencia de tu suegra repetido en el curso de una simple cena familiar puede convertirse en una lenta transfusión de virus y estar prácticamente rayando en la siguiente magnitud. Esto dependerá de su personalidad y, también, de tu nivel de receptividad en ese momento.

Hay momentos que dada tu "sensibilidad", cualquiera de estas simpáticas actitudes hacen bingo en vos.

Si bien estas intervenciones no ocasionan efectos duraderos, su fugacidad no les impide quedar registradas. ¡Cuidado, amiga! Una acumulación de tales registros es un alerta para el futuro.

Magnitud 2
A menudo se siente, pero sólo causa daños menores

En este rango se incluyen monosílabos varios, comparaciones veladas (adivina quién pierde en ellas), anécdotas alusivas con doble intención y conclusiones indirectas.

Imagina la siguiente escena: "ella" se encuentra en tu casa de visita, y tu pareja llega de estar nueve horas trabajando y otras dos tratando de hacer funcionar el motor del auto. Entra todo engrasado, muerto de calor y encima sin haber logrado su objetivo. Probablemente tu suegra no intervendrá en ese mismo momento, sino que se tomará unos minutos antes de decir nada sobre el particular y, cuando menos lo esperes, le recordará al hijo aquellos buenos tiempos de despreocupada soltería en los que podía dormir hasta tarde y era el papá quien se encargaba de la mecánica.

Mi paciente Mónica me relató una vez la siguiente escena. Era el día de su cumpleaños y su suegra llegó con un regalo que tenía un gran moño. Al abrirlo Mónica vio que se trataba de un suéter dos talles más grande que el suyo y de un color furioso (la suegra sabía muy bien que a ella le gustaban los tonos pastel). No contenta con esto le dijo: "¡Feliz cumpleaños, Lucía!". El nombre es precioso, es cierto, si no supiéramos que, "casualmente", era el nombre de la ex del hijo.

Lo mejor en estos casos es tratar de mostrar un poquito de indiferencia porque de lo contrario, si ella ve que el terreno es fértil, lograrás entusiasmarla y agudizar su puntería, con lo cual la llevarás directo a la Magnitud 3 de nuestra escala, no se olviden que hay leves "diferencias entre magnitud y magnitud" El sismómetro vibra constantemente... atento a cada cambio vibracional. Las suegras siempre tienen en la manga comentarios más catastróficos que corroboran lo fácil que hubiese sido no moverse de la estrategia anterior.

Magnitud 3
Puede ocasionar daños severos

Ya lo sabían los guerreros de Occidente y también los de Oriente: es más difícil luchar contra un enemigo invisible que con uno que se te plante abiertamente. Cuando "ella" te dice las cosas directamente, sin sutilezas ni matices, el enfrentamiento es explícito. No necesitarás tanta imaginación para interpretar sus embestidas ya que exhibirá un pensamiento y sentimiento de carácter dirigistas. Tiene claro su objetivo y no se demorará en dar rodeos.

Este rango incluye las más típicas frases descalificantes que se te ocurran ("Yo, cuando era joven, amasaba los fideos", "Siempre supe administrar bien mi casa", "Cuando mi hija volvió de la cesárea se puso a freír las milanesas", etc.). "Podemos agregarle el condimento y vos no", que a veces está implícito y se potencia más aún su intervención "constructiva", consejos boicoteantes, recriminaciones varias e inyecciones de culpa y se convierte en un proyectil a toda prueba.

En estos casos, querida lectora, lo mejor es no buscar justificaciones ni racionalizaciones ya que ella jamás te dará la razón. Muy en el fondo, sabe bien cuál es la verdad (léase: tu cuñada tuvo a los hijos en incubadora y tenía mucama, el dinero en otras épocas alcanzaba más que ahora y, muy especialmente, tu suegra jamás trabajó). Por eso es tan importante que tu pareja haga primar en todo momento el principio de realidad o por lo menos el de realidad para *ustedes*, ¡sí!, el de *ustedes*.

Según me lo ha demostrado mi experiencia profesional, hay padres que saben bien cómo inducir al hijo a un conflicto matrimonial, en especial cuando ese hijo trabaja en la empresa familiar. Mi paciente Sandra me relataba el caso de Gustavo, su pareja, quien todos los viernes, el día del retiro semanal de dinero, tenía que escuchar de sus progenitores toda clase de reproches (según Sandra, podría confeccionar una lista interminable). ¿Ejemplos?: "No hace falta ir a comer afuera dos veces por semana", "Tu hermano se lleva lo mismo y le alcanza perfectamente" y otros que prefería no recordar. Como consecuencia, Gustavo llegaba de vuelta al hogar cargado de culpa. Sin saber cómo, al abrir la puerta cada viernes se conectaba con una esposa que, de ser la doncella del beso al despedirse por la mañana, se convertía en la más temible chupasangre del universo.

Sé que no es fácil, pero en casos como éstos lo ideal sería no entrar en el juego de confrontar con tus suegros, sino dejar que sea tu pareja quien "pare la pelota".

Una amiga me relató la siguiente anécdota que ilustra muy bien este tipo de maniobras. Acababa de llegar del shopping muy nerviosa porque en un momento, y sin que ella se diera cuenta, el hijo le había soltado la mano y se había perdido entre la gente. Pocos segundos tardó en encontrarlo, pero la inquietud no la abandonaría por varios días. Al llegar a su casa y comentar lo que le había pasado, la suegra opinó:

—Vos, cuando ves una vidriera, te olvidás de todo.

Lo importante es que tu pareja perciba la energía negativa liberada por esos comentarios para que ambos puedan estar en el mismo frente de batalla y encontrar juntos, en forma mancomunada —no nos olvidemos que el nivel de tu percepción es superior al de tu amado siempre—, un plan de acción con distintas estrategias acordes al caso. Si tu príncipe no está de tu lado, pasá pronto a la próxima magnitud.

Magnitud 4
Causa graves daños o la destrucción total

Este tipo de intervención es tan poderosa como varias bombas atómicas y suele incluir todo tipo de mensajes y en todos los niveles. Supongamos que tu tierna suegra tiene una casa en Punta del Este y ustedes ya planearon pasar allí sus vacaciones, que empiezan, ¡felizmente!, el 1º de febrero. Tus chicos están fascinados como siempre con la idea y hasta invitaron a un amiguito, las valijas están casi preparadas (es 25 de enero) y los pasajes encargados.

• SUEGRAS •

Ayer sábado tuvieron la fiesta de quince de la hija de tu mejor amiga y se acostaron a las seis de la mañana. Están descansando cuando de pronto... "¡Riiinnnggg!", suena el timbre.

Ustedes, entredormidos, se miran extrañados. ¿Quién podría ser a esta hora? Mientras él se levanta a vos se te ocurre pensar en tu hermana, que acaba de entrar en el noveno mes de embarazo. ¿Habrá venido a traerte a tus sobrinos antes de internarse? El sueño no te permite pensar que ella, seguramente, te habría llamado por teléfono antes de ir. En pocos segundos tu marido vuelve a la habitación diciendo por lo bajo:

—Es mi vieja...

En algún momento ustedes creyeron que habían logrado adiestrarla para que no hiciera esas apariciones (típicas de los comienzos del matrimonio). Ella sabe cuánto le molesta a su nuera que caiga en su casa un domingo tan temprano.

—No le abras —proponés—. Decíle que estamos durmiendo.

—Hace rato que no nos hace esto. Por ahí le pasó algo...

—"Algo... algo... qué puede haberle pasado a esa víbora..." —pensás.

Tu suegra, que acaba de venir de misa de siete, no busca el momento para largar la bomba sino que más bien parece estar ejecutando un frío plan. ¿Será justamente hoy el día-D? Con toda naturalidad se instala en un sillón y pide unos mates.

—¡Qué vida la de ustedes! Todavía durmiendo y con un buen aire acondicionado. No como tu hermano, que trabaja todo el día y no puede comprárselo.

Ustedes empiezan a levantar temperatura, pero tienen bajas las defensas debido a la trasnochada. En la cocina hay algunos platos sucios, así que ella se levantará para ir directo a comprobarlo:

—Se necesitaría ser mago para encontrar una bombilla en este desorden...

Últimamente creían que habían aprendido a manejar esta clase de situaciones, pero ahora piensan que la cosa se les fue de las manos.

—Hablando de todo un poco —comenta ella—, ¿qué día se toman las vacaciones?

—Pensamos salir el 31 a la noche —dice el hijo, tratando de no mostrarse perturbado.
—¿Y tu hermana para cuándo espera? —directo a vos.
—...Entró en el noveno mes... —respondés, entre enojada y culposa.
—Después de tres hijos, ya tendrías que saber que a partir de ahora en cualquier momento podría tener... ¿Pensás irte con todos los problemas que tuvo en los partos anteriores?
—Es asunto nuestro —respondés decidida.
—Si es problema de ustedes, entonces arréglense como puedan.
En medio de reproches se dan cuenta de que después de ese portazo, se han quedado sin Punta del Este.
En casos como éstos, lo mejor es evitar verse con ella lo máximo posible. Hubiese sido preferible decirle que estaban durmiendo a tener que atenderla. Este tipo de suegra necesita límites claros y precisos. Lo ideal es que los puntos los paute el hijo para que ella sepa de entrada que no hay espacio para ningún triángulo.

Advertencia: En este mundo colorido también existen suegras silenciosas, observadoras, que tratan de no influir y que jamás dicen lo que piensan. Cuántas veces, querida lectora, te habrás preguntado si esas suegras-estatuas vivientes serían realmente tan inofensivas como parecían. Pero... ¡atención! No debes olvidar ni siquiera por un instante que las guerras en el mundo estallaron por pequeñas circunstancias (en los detalles está la diferencia). No bajes la guardia, desconfía también de ellas porque, de lo contrario, tarde o temprano el volcán estallará.

Consejo: Los países suelen tomar medidas para prevenir catástrofes, pero en su casa los arquitectos e ingenieros son ustedes. Tengan en cuenta entonces que lo mejor es construir un hogar "a prueba de suegras". Tiene que ser con materiales indestructibles.

En relación a esto último, recuerden que sus hijos, en la convivencia con ustedes, están aprendiendo también a relacionarse con sus futuros suegros. Piensen que, aunque las prevenciones los incluyan a ustedes y se vuelvan en su contra como un *boomerang*, también estarán asegurando el bienestar y la tranquilidad de ellos para "la posteridad". Muchas veces y por qué no, aprovecharán para pasar las facturas, que dicho sea de paso los hijos son especialistas.

Distintas estrategias para lograr que tu suegra se vaya de tu casa

- Si sabes que le gusta la ópera y la música refinada, poner cumbia villera a todo volumen.
- Si tienes una suegra supersticiosa, tirar algo al piso adrede y, luego, barrerlo delante de ella.
- Comentarle la última vez (o quizás la única) en que su hijo te llevó el desayuno a la cama. Recuérdenle como quien no quiere la cosa ¡que bien le queda el nuevo vestido, casualmente el que le criticó a usted la semana pasada!
- Una variante de la anterior, igualmente eficaz, es dejar su cartera en el piso "sin querer, queriendo".
- Si es una suegra con horario predecible, pedirle a tu mejor amiga que te llame por teléfono, dejar que te cuente las cosas más fascinantes que le han pasado la noche anterior con su amante y responder con monosílabos. Te aseguro que pasada una hora tendrás un éxito rotundo.
- Pedirle que te ayude a preparar el plato que requiera de la mayor cantidad de cebolla rehogada que encuentres en tu libro de cocina.
- Enumerar todos tus proyectos futuros y asegurarle que estás pasando por tu mejor momento (si tienes coraje, agrégale incluso lo fascinado que está tu marido con esto).
- Si tiene un brote de artrosis, llevarla conversando por toda tu casa hasta que se agote.
- Cuando repite incansablemente que nada es tan maravilloso como disfrutar de los nietos, pedirle que se ocupe de ellos en un día importante para ti (sobre todo para teñirte el pelo, etc).
- Evitar todo el tiempo el tema de sus últimas visitas médicas.
- Preguntarle cuánto hace que no le dicen piropos en la calle.
- Si le sacas el tema (no sé como se las ingenia siempre) de

las relaciones conflictivas de *"tu familia"*, trae a colación el último enojo con *su* cuñada, cuando la miró torcido aquella noche y no le habló en 2 años... siempre encontrarás una anécdota en su haber.

Despliega estas estrategias sólo ante una suegra que responda a las magnitudes 2 a 4. Si luego de implementar esta lista de sugerencias espanta-suegras no tienes éxito y ella no se ha dado por aludida, podrás perfeccionar algunos de estos puntos. Recuerda que Dios siempre premia el esfuerzo. ¡Persevera y triunfarás!

—Hola mamá. ¿Puedo dejarte los chicos esta noche?
—¿Vas a salir?
—Sí.
—¿Con quién?
—Con un amigo.
—Yo no sé por qué te separaste de tu marido, es un hombre tan bueno.
—Yo no me separé. Él se separó.
—Vos dejaste que se separara y ahora andás por ahí con cualquiera.
—No ando con cualquiera. ¿Te puedo dejar los chicos?
—Yo jamás los dejé a ustedes para salir con alguien que no fuera tu padre.
—Hay muchas cosas que vos hiciste y yo no hago.
—¿Qué me querés decir?
—Nada, sólo quiero saber si puedo dejarte los chicos.
—¿Vas a quedarte a dormir con el otro? ¡Que diría tu marido si se enterara!
—¡Mi ex marido, querrás decir! No creo que a él le preocupe. Desde que nos separamos, no debe haber dormido una sola noche solo.
—Entonces te vas a quedar a dormir con ese vago.
—¡No es un vago!
—Un hombre que sale con una divorciada con hijos es un vago y un vividor.
—No quiero discutir, mamá. ¿Te llevo los chicos o no?
—¡Pobres criaturas, con una madre así!
—¿Así cómo?
—Con pajaritos en la cabeza, por eso te dejó tu marido.
—¡Baaaastaaaa!
—Encima me gritás, seguramente a ese vago con el que salís también le gritás.
—¿Ahora te preocupa el vago?
—¿Viste que es un vago? Yo me di cuenta enseguidita.
—¡Chau!
—Esperá, no cortes, ¿a qué hora me traés a los chicos?
—No los voy a llevar. No voy a salir.
—Si no salís nunca, ¿cómo pensás rehacer tu vida...?

3
Atrapada entre dos fuegos
¿Tendré que divorciarme de mi madre?

Cada vez que su madre le ordena tomar la sopa, el personaje creado por Quino, Mafalda suele contestarle: "No veo por qué tengo que obedecerte. Si es una cuestión de títulos, yo soy tu hija y nos recibimos el mismo día". Sabia como pocas, la pequeña Mafalda definió claramente esta relación que nace en común para no morir jamás.

A lo largo de los siglos, siempre se ha dicho que las mujeres "tiran para la familia" más que el varón. "¿Tenés una nena? ¡Qué suerte, va a estar con vos toda la vida! La nena *es de la mamá.*" Es lo que seguramente a ustedes, mamás de hijas mujeres, les habrán pronosticado alguna vez como si se tratara de una verdad indiscutible.

El teléfono de la casa de Matilde suena por tercera vez en los últimos veinte minutos. Mientras va a atender, Matilde sospecha quién la llama: la misma persona que hace tres minutos le preguntó si para hacer papas fritas había que cortarlas con cuchillo grande o chico. "¿Hola, mami? Soy yo de nuevo. ¿Cuánto aceite pongo para freír...?"

Incluso cuando la mujer tenga su vida perfectamente armada y no necesite llamar a la madre a cada rato para pedirle la receta de las papas fritas porque prefiere hacer el pedido telefónico o sacarla de Internet, igualmente a veces se descubre anhelando una mirada de aprobación materna que refuerce sus decisiones. Con una mano en el corazón, querida lectora, piensa si a pesar de ser LA MUJER DE LA NEW AGE como eres, de vez en cuando no mueres por preguntarle si ponerte el vestido azul para ir a esa reunión importante o si te quedan más lindos los reflejos rubios que los colorados. Incluso esto te sucede cuando siempre, SIEMPRE, detestaste el gusto de tu adorada madre. Quien más, quien menos, todas hemos caído rendidas ante las palabras de nuestra progenitora en algún momento de nuestras vidas. Cuantas veces, y a medida que pasa el tiempo nos hemos encontrado diciendo lo mismo que hemos escuchado con desagrado de pare de ella. Y cuando estamos excedidas de presiones, a todas nos gustaría poder "alquilar una mamá por horas". Quiere decir que, una vez que ya le hemos demostrado al mundo que no somos dependientes de nada ni de nadie (alrededor de los cuarenta en adelante), nos permitimos el lujo de depender un poquito de ella. ¡Sin sentirnos "nena de mami"!

En este punto es preciso aclarar que, en la adolescencia, es normal que esta relación tienda a quedar en *stand-by* ya que —como ustedes inevitablemente habrán podido comprobarlo con sus propios hijos— para poder construir su identidad los más jóvenes necesitan, como primera medida, oponerse a los adultos (sus padres), criticarlos, cuestionar su escala de valores, diferenciarse de ellos a cualquier precio. Nada les viene bien ni les cae en gracia porque la diferenciación es una parte importante en la búsqueda de identidad que están llevando a cabo. Pero como todo en esta vida, la adolescencia también termina, ¡por suerte!, y con ella, cualquier conato de rebeldía. Pasado el simbronazo de la primera juventud (una época en la que nos hacíamos las que nuestra madre "ni fu ni fa"), cuando ya hemos crecido y hemos formado nuestra propia familia volvemos a caer nuevamente en sus garras (o guantes de seda).

> ¿Acaso durante el embarazo, o después del nacimiento de tu bebé, no sentiste que te reencontrabas con ella? ¿No te asombraste en más de una ocasión repitiéndoles a tus hijos aquellas viejas frases que tanto cuestionabas y que ahora son casi tuyas —esas palabras que marcaron a tu madre frente a la vida— y sintiendo los mismos temores que antes no entendías, más disfrazados y aggiornados?

Y se puede ir más lejos todavía. En mi experiencia en el consultorio, he podido comprobar que el siguiente paradigma se repite en muchísimos casos: mientras que en la adolescencia lo común es tratar de diferenciarse de los padres, a los cincuenta y tantos se produce una *reconciliación* con algunos aspectos de ellos, incluso con los que más nos molestaban, a la vez que empezamos a notar en nuestra pareja cierto parecido con nuestros suegros. Una verdadera Ley de Murphy aplicada a las relaciones familiares.

Cuestión de estilo

Siempre digo que, afortunadamente, el mundo tiene distintas tonalidades. La siguiente no pretende ser una lista completa de los diversos estilos de madres porque eso sería irrealizable. Como las huellas digitales, cada una es única, singular e inconfundible.

No nos olvidemos, en ningún momento, que la mami de uno es la suegra del otro.

La absorbente (o madre-pulpo): muchas pacientes me dicen que les alcanza con estar diez minutos con sus madres para que les dejen una estela difícil de borrar por varias horas. Se trata de las famosas madres-pulpo, aquellas que van mostrando sus tentáculos de a poquito, disimuladamente, hasta que terminan por ahogarte. Sus mensajes de sobreprotección cubren un amplio espectro que va desde los más subliminales ("¿Podés?", "¿Te arreglás?", "¿No es mucho?") hasta los más indiscutiblemente directos ("No te conviene", "Es imposible", "Cuidáte mucho"). Claro que es difícil enojarse con ellas porque siempre dan muestras de atención y cariño, con el consiguiente refuerzo de su afirmación favorita: "Lo hago por tu bien".

Nora tuvo una infancia y una adolescencia felices, al lado de papá y mamá, como hija única. Poco antes de terminar el secundario su padre falleció. Nora hizo la carrera universitaria y se convirtió en una brillante administradora de empresas. Tuvo una pareja que duró tres años, pero terminó porque su mamá le prohibía al marido de Nora, que era separado, llevar a su pequeña hija al hogar común.

El caso de Analía es parecido: trabajaba, estudiaba, tenía muchos amigos, pero cada vez que quería formar una pareja no podía dejar de ver al pretendiente con los ojos de su madre (como se dice en sentido figurado, Analía era "la luz de sus ojos"). No es que la madre no la quisiera, simplemente le gustaba afirmar, poniendo mucho énfasis, que a su hija "no había hombre que la mereciera".

• Beatriz Goldberg •

Ya sé que ustedes, queridas amigas, frente a la decisión de contraer matrimonio habrán tenido que debatir con sus madres sobre él y aceptar a regañadientes que no era la imagen del hombre exitoso que ellas anhelaban. Pero seamos francas y pensemos si con el paso de los años no hemos podido comprobar que muchos de los vaticinios de nuestras madres tenían más asidero que las profecías de Nostradamus.

La víctima: las hay tantas como madres existen sobre la tierra. Por el solo hecho de serlo, cada una guarda en un rinconcito del corazón un listado de toooodo el sacrificio que ha debido hacer por nosotras (desde no dormir cuando éramos chicas y teníamos fiebre hasta ocultar un tratamiento de conducto porque ese día teníamos una importante entrevista de trabajo siendo adultas).
Cuando Carolina tuvo a su primer hijo, la madre, "casualmente", empezó a ir con más frecuencia a su casa aparentemente con la intención de visitar a su dulce nieto, y siempre que podía traía a colación temas del marido —el papá de Carolina— relacionados con el trabajo, el corralito bancario, la depresión y todo aquello que pudiera caber en el circuito negativo de desgracias posibles. Poco a poco esta inocente onda expansiva logró tener clara incidencia sobre Carolina y su entorno: ella no sabía cómo, pero cada vez que el marido llegaba de la empresa y se ponían a charlar mientras veían al bebé, ante un comentario no tan feliz de él relacionado con su trabajo Carolina terminaba "lanzando chispas". Como ocurre siempre, ella no asociaba su forma de reaccionar con la "ayuda" en el hogar de la feliz abuela. Esto mismo, en distintos grados —más encubierta o explícitamente—, puede darse en distintos momentos de la vida. Les recomiendo entonces, ante una madre de estas características, no competir con ella en su papel de víctima ya que nada ni nadie podrá igualarlo.

Banquera y bancadora: son las que cobran cara su ayuda. Pueden llegar a ser exitosas marketineras excepto cuando se trata de ayudar a su propia hija. En este caso, "misteriosamente", su olfato comercial no funciona. Es así como le prestan dinero para un negocio condenado al fracaso o para el anticipo de un departamento que la hija no podrá pagar. Y este fracaso anunciado las salva de tener que continuar ayudándola porque "para muestra basta un botón" y un fracaso de este tipo es la prueba irrefutable de que la hija fracasará siempre. De esta forma obtienen un doble beneficio: por un lado, se aseguran de que la hija no las superará y, por el otro, al obligarla a asumir el rol de la perdedora se liberan del fantasma del fracaso propio.

María Fernanda se casó hace tres años y ya tiene dos pequeños hijos. Su marido es un buen muchacho, pero el trabajo no parece ser su vocación. Tienen serias dificultades económicas y quien los salva es la madre de María Fernanda, una profesional que paga el alquiler y mantiene a los chicos.

María Fernanda sabe que no tiene salida, pero se pregunta cuánto tiempo más soportará que su madre se entremeta en todo, digite la vida y la educación de sus hijos y hasta opine sobre la ropa que ella usa. Piensa que este martirio no terminará mientras los chicos sean chicos, pero lo cierto es que no podría cortar esta dependencia ni siquiera ganando el Gordo de Navidad (claro que, entre nosotras, María Fernanda nunca compra un billete para no "afinar" el cordón umbilical).

Muchas veces sucede a la inversa y es la hija la que está en una situación que le permite ayudar económicamente a la madre. En estos casos, puede que esta hija sienta culpa por darse gustos que la madre no se dio y repare con el vil metal su deuda psicológica. Algunas madres se sentirán merecedoras y aceptarán la "traición" mientras que otras no dejarán de remarcar la diferencia de su cambio de estatus cada vez que puedan.

La descalificadora: muchos pacientes que he seguido a lo largo de los años creían recordar o inferir de la conducta de sus madres frases tales como "No vas a poder...", "Te vas a agotar", "Mirá que las deudas son fatales", "¿No sería mejor...?", "¿No hay otra posibilidad?", etc. Con sus mensajes de fracaso (que incluyen gestos y miradas) estas madres fueron sin duda temerosas, pero no tenían conciencia de sus miedos y sus frenos se disfrazaban de prudencia.

Juliana siempre había sentido, ante cualquier proyecto que quisiera emprender, una inconfundible sensación de que algo iba a salirle mal, con lo que sus planes siempre se frustraban. Vivía boicoteándose porque estaba "atrapada sin salida" en los mensajes descalificantes y desvalorizantes de la madre. Convengamos que no era necesario que ésta fuera del todo directa en sus apreciaciones, sino que podía lograr perfectamente su objetivo comentando, por ejemplo, "Qué inteligente tu amiga Susana, sabe hablar alemán", quien en consecuencia era más merecedora que Juliana para el cargo vacante en la multinacional que tanto ansiaba ya que ella sólo sabía inglés, portugués y francés. Y si conversaban, por ejemplo, sobre la situación económica, la madre siempre hacía hincapié en el trabajo del yerno, ya que detrás de su aparente interés se escondía una desvalorización de la capacidad de su hija. Más que esperarlo todo de él, no esperaba nada de Juliana.

Si tienes una madre de estas características, lo mejor es que implementes otras estrategias, como, por ejemplo, realizar anuncios más que cuestionamientos, y no hacerle demasiadas preguntas y consultas para evitar caer en la trampa de que ella, con sus comentarios, termine reforzando tu inseguridad.

Un caso especial dentro del anterior es aquella madre cuestionante que, ante cada una de tus decisiones, tiene una pregunta en la punta de la lengua que te hace teclear. Supongamos que después de una larga travesía por todas las escuelas de la zona probables para tu hijo al fin encontraste una que te había convencido. A modo de "premio" a tus largas descripciones, tu madre seguramente te lanzará una pregunta como: "¿Harán suficientes viajes de estudio?" o "¿Les darán bastantes proteínas en el almuerzo con esa cuota?"

Durante los primeros cinco años de nuestra existencia, estos mensajes negativos se graban y pasan a constituir nuestro "argumento de vida". Para tener éxito —no en un sentido hollywoodense, sino cotidiano— es necesario apretar REWIND y volver grabar el cassette con mensajes más positivos. Pero este proceso suele ser complejo y a veces necesita de la ayuda de una terapia. Sólo cuando logramos "regrabar" el cassette con otro contenido, transformando los mensajes frenadores en propulsores, podemos volver a apretar PLAY para escuchar la nueva melodía.

Para ser una persona de éxito, es decir, alguien que intenta nuevos caminos sin sentir un miedo paralizante ante la posibilidad del fracaso, es necesario, en primera instancia, hacer una cuidadosa *revisión del árbol genealógico* y determinar cuáles son los mensajes familiares que pueden influir negativamente.

La narcisista: tiene la ilusión de vivir a través de su hija y suele apoyarse en ella porque se piensa legítima merecedora de tal sostén. Siente que tiene incontables carencias (afectivas, económicas), y está convencida de que la hija puede y debe suplirlas y completarlas. Para estas madres, todo lo que no sea hecho a su medida constituye una traición y sólo están dispuestas a recibir no menos de lo que han invertido (seguramente, mucho tiempo y afecto). Pero este sentimiento puede llevarlas a una gran frustración porque siempre anhelan y esperan todo del otro generando una gran dependencia respecto de los afectos, los cuales pasan a ser para ellas algo así como una vitamina.

Para estas madres la democracia no es un sistema a poner en práctica entre las cuatro paredes del hogar, de ahí que sientan como una gran decepción y estafa el que la hija se niegue a elegir el camino que ellas le marcaron muy especialmente. Y si esa hija es totalmente independiente, sienten el riesgo del abandono. Lo importante sería que estas madres se dieran cuenta de que su actitud ante la vida las inhabilita para poder disfrutar de aquellas cosas que no dependan de sí mismas. Dejar de pensar que la hija las abandona y comprender que ella está eligiendo su propio y auténtico camino.

Según hemos visto, diferentes tipos de madres son capaces de producir las mismas presiones y temores. Dice Wayne W. Dyer en su libro *Tus zonas erróneas*: "El deseo de la niña de abandonar el nido es muy grande, pero cuando la posesión y el sacrificio han sido los lubricantes que hacían marchar la máquina familiar, el acto natural de irse por su cuenta se convierte en una crisis...". Quiere decir que mientras seas hija en forma prioritaria como si fuera lo primero en tu vida, te resultará difícil formar "otra familia". Cada vez que intentes ser la princesa del cuento el hechizo se romperá y te sentirás de pronto como Judas traicionando a Jesucristo. Aunque estés frente a un Richard Gere nada hará que logres avivar el fuego y terminarás viéndolo como al último de la lista que llevarías contigo a una isla desierta. Pero no te alarmes, ya que con unos buenos años de terapia y ejercicio de estos sacrificios banales podrás moderar el protagonismo estelar que tu madre tiene en tu vida.

Quisiera aclarar que en muchos casos, una hermana mayor, tenga o no vida propia, podrá ocupar alguno de estos puestos o encarnar otro tipo de madre. Ella siempre tendrá algo para decirte o cuestionarte, y ante la ausencia materna parecerá posesionarse con su rol de madre sustituta. Si tienes un congreso de fin de semana seguramente te preguntará como al pasar si crees que es buen momento de dejar a los chicos, cuando sabe perfectamente que ya te anotaste y tienes todo preparado. La efectividad de sus comentarios suele ser absoluta. Se parece a tu mamá, y consigue como ella su objetivo de sembrar la duda, cosechar un poco de discordia y, por qué no, generar en tu interior la sensación de que deberías haberla consultado antes de tomar una determinación. Ésta es nuestra querida hermana mayor, que igual es preferible a nuestra cuñada mayor. Sabes bien que has decidido lo mejor, pero "por si acaso" siempre caes en la trampa de escuchar sus opiniones sin filtrarlas adecuadamente. Muchísimo cuidado, ¡estarás entre tres fuegos!

Algunas sugerencias para no desesperar

Son muchas las hijas que, aun casadas y con hijos, confiesan que les basta con ir a visitar a sus madres para sentirse de pronto temerosas e indecisas como niñitas de cinco años. La relación madre-hija no siempre es idílica. A veces, el cono de sombra puede envolver a la hija hasta el punto de negarle su propia realización.

Dice Leo Kanner, quien fuera llamado "el padre de la psiquiatría infantil": "El amor de una madre es la obra más altruísticamente egoísta del mundo. Es naturalmente posesivo y desea retener su posesión. El amor maternal comienza con el completo e indisputado cerco de una existencia que, durante nueve meses, es parte del cuerpo de la madre. No puede haber una unión más estrecha, nada que se aproxime más a la identificación de dos seres humanos... El amor sofocante es la cosa más egoísta del mundo. Es una caricatura del afecto maternal. Su posesividad es voraz. Su meta es la dominación. Su lógica es retorcida. Guarda su tesoro en una bóveda, fuera de circulación, y espera frenéticamente que dé dividendos..."

¿Qué hacer en estos casos? Y, peor aún, ¿qué hacer cuando todo parece que la única solución es... divorciarte de tu madre?

- Recordar que el vínculo con ella es para siempre, así que lo mejor es armarte de coraje.
- Tomar todo aquello positivo de ella y saber atesorarlo.
- Negociar contigo misma en tu cabeza.
- Evitar engancharte con todos sus mensajes.
- Evitar engancharte con todos sus miedos o elejir solo algunos... (los menos paralizantes en lo posible).
- Recordar que este vínculo sanguíneo es más difícil de cortar en buenos términos que cualquier mal matrimonio.
- Divorciarte de ella es imposible. Aunque vayas a la China, ella, como el sol, siempre estará. Estará en vos darle "su lugar".
- No esperar peras del olmo. Así como hay suegras y suegras, también hay madres y madres.
- No es tan malo que te identifiques con tu madre siempre y cuando no dejes de ser fiel a ti misma y no aceptes cargar la mochila completa que ella te cuelga.
- El cordón umbilical que une a una madre y una hija no se rompe jamás, pero para que cada una pueda ser feliz debe ir haciéndose cada vez más finito hasta estar pero sin que se note, sin que moleste, sin que ajuste demasiado para permitir el movimiento (piensa que a ti, como madre, no te gustaría ser descartada totalmente).
- Evitar ser como tu hijo adolescente, que pone todo en la misma bolsa y descalifica a sus padres sin darles un juicio justo.

Lo importante entonces es hacer cambios en la relación con ella y, sobre todo, realizar un buen trabajo interior para que el fuego de su artillería no te alcance. Buscar un punto medio en el cual sea posible encontrarse sin temer a las emociones que puedan surgir.

Darse cuenta es el primer paso del cambio. Piensa que, cada vez que tomas una decisión, se abre un camino adelante. Este camino en algunos casos es más recto, más corto o más sinuoso —según las características de cada uno—, pero siempre puede conducir a una mejoría. Lo importante es salir de "terapia intensiva".

• Beatriz Goldberg •

> Igual no nos olvidemos que una madre es una madre y le perdonaremos millones de cosas que a nuestra suegra no le perdonaremos ni la milésima parte. Con nuestras madres y con nuestros hijos tenemos ese bendito poder de amnesia necesaria que nos permite seguir amándolos con toda el alma, aunque no siempre justificarlos.

Con unos cuantos kilogramos de humor, este proceso será mucho más sencillo.

> La madre vio a la hija que se preparaba para salir esa noche con su jefe, quien la había invitado por primera vez. Mientras la chica, que tenía dieciocho hermosos años muy bien puestos, se maquillaba, la madre empezó a llorar...
> —¿Qué pasa mamá? —preguntó "la nena".
> —Es que yo sé lo que va a pasar esta noche —dijo la madre.
> —¿Qué va a pasar esta noche, mami?
> —Esta noche, hija, tu jefe va a llevarte a cenar a uno de esos lugares con velas y músicos que tocan el violín entre las mesas. Después va a llevarte a bailar y a tomar una copa en algún lugar oscuro, y mientras están bailando va a decirte que sos hermosa y todo eso...
> —Bueno mamá, ¿y qué tiene eso de malo? —preguntó la hija.
> —Que después te va a invitar a conocer su departamento. Yo sé cómo va a pasar todo...
> —¿Y?
> —Y el departamento va a ser uno de esos pisos modernos que tienen un balcón desde donde se ve el río. Y entonces, mientras miran por el balcón, él va a poner música y va a destapar una botella de champán. Va a brindar por vos y por el encuentro y te va a invitar a mostrarte la casa... ¡Y ahí es donde podría pasar la tragedia!

—¿Cuál tragedia, mami?
—Cuando lleguen al dormitorio, él va a mostrarte la vista desde allí y va a darte un beso. Eso no me asusta. Pero después, hijita, después él va a mostrarte la cama y va a tirarse encima tuyo. Y si vos permitís que se acueste arriba tuyo, ¡YO ME VOY A MORIR! Y si yo me muero, vos vas a cargar con esa culpa por el resto de tu vida... ¿Entendés por qué lloro, hija? Lloro por vos, por tu futuro.
—Bueno mamá, quedáte tranquila. No creo que pase eso que vos decís.
—Acordáte hija, acordáte... YO ME MUERO, ¡ACORDÁTE!

A la hora señalada, un auto importado carísimo se detiene frente a la puerta de la familia. Toca bocina, la hija sale, sube y el auto parte. A las cinco de la mañana "la nena" vuelve a casa. La madre, por supuesto, está despierta sentada en el sillón.
—¿Y, hija? ¿Qué pasó? Contále todo a tu madre.
—Mami ¡es increíble! ¡Todo fue como vos me dijiste! El restaurante, el baile, el departamento, ¡todo!
—¿Y, y?
—Pero cuando llegamos al dormitorio y él quiso subirse encima mío, y yo me acordé de vos mamá. Me acordé de la culpa que me iba a quedar si vos te morías.
—¡Muy bien, hijita! ¡Muy bien! Y te fuiste...
—No. Me acosté yo encima. ¡QUE SE MUERA LA MADRE DE ÉL!

▶▶▶▶▶▶

4
El hijo de la suegra
(ese tesoro que no merecemos)

*No entiendo por qué, si mi madre es tan perfecta,
la suegra de mi mujer tiene tantos defectos...*

¿Recuerdan la famosa tragedia de Edipo? Es la historia de un príncipe que terminó cayendo, como cualquier hijo de vecino, en las garras de su madre. Claro que, en este caso tan particular, se trataba de un hijo al que habría que exculpar ya que entre otras cosas el pobre no sabía que aquella mujer a quien juró amor eterno y hasta llevó al registro civil era la misma que le había dado la vida.

Hoy ningún hijo se arrancaría los ojos (como en el culebrón de Sófocles), ni se rasgaría las vestiduras, y es probable que ni siquiera se inmutase al darse cuenta de que ha caído rendido a los pies de su adorada progenitora. A pesar de todo su machismo y rudeza, el hombre de nuestros días es capaz de derretirse frente a una sopa caliente de su madre (si Quino hubiese hecho la proyección de la familia de Mafalda, seguramente Guille habría sido un adicto a ese manjar). Además no todos los hijos que caen en las "garras" de su madre pasan a la posteridad como nuestro Edipo.

¿Qué pudo haber pasado en el curso de estos milenios para que aquel magnífico príncipe tebano se convirtiera en ese sapo que todas las noches nos canta las melodías que le enseña nuestra bienamada suegra?

Seguramente a todas nos ha pasado alguna vez que luego de una cena familiar se nos responsabilizara de comentarios presuntamente maliciosos que de seguro perturbarían el venerable sueño de esa señora, comentarios que —aunque ella nunca ha sido santa de nuestra devoción—, justo *Ese* día, en *Ese* momento, no tenían la más mínima intención de ofenderla.

Algunas de estas madres de nuestros amados Edipos llegan a ser expertas en *"traducir"* nuestras palabras dándoles un sentido nada fiel al texto original. No nos olvidemos que nuestras suegras no son traductoras públicas, sino que interpretan un tanto subjetivamente... Y ellos, nuestros compañeros de ruta, ¿a quién imaginan ustedes que terminan siempre dándole la razón? Muy en el fondo...

Nuestra pareja, ¿mediador o querellante? Esa es la cuestión

Hoy es un día especial para Fernando ya que es su cumpleaños. Mariana, su mujer, no pudo comprarle el regalito porque recién cobrará la semana que viene, pero igual ella hizo que el desayuno familiar se convirtiera en un lindo momento. Fernando tiene ganas de quedarse otro ratito en casa con Mariana y los chicos dilatando el festejo, pero todos deben partir hacia sus respectivas actividades. También el homenajeado. Fernando es corredor de comercio, aunque está lejos del estereotipo ya que le da a su trabajo un toque humanístico, y en sus relaciones con los clientes siempre trata de ir más allá del signo pesos.

Cuando está a punto de cerrar la puerta de calle suena el teléfono. "¿Quién querrá saludarme?", piensa, y con la respuesta correcta en la mente vuelve a entrar para atender. Sí, es su madre diciéndole que pase un momentito por su casa (vive solamente a diez cuadras) que tiene una sorpresa para él. "¡Qué suerte!", piensa Fernando. Tendrá su primer regalo del día. La expectativa despierta en él algunos buenos recuerdos de la infancia y de pronto se siente como un chico. Tiene una larga lista de clientes para visitar, pero decide que pasará un ratito por lo de su madre después de dejar a los chicos en el colegio y luego seguirá viaje. Que los clientes lo esperen un poco; después de todo, hoy es *su* día.

Al llegar, la madre le tiene preparado un rico café con torta.

Mientras él disfruta del primer bocado ella le pregunta qué le regalaron. Fernando piensa: "¡Qué puntería tiene la vieja! Es la primera vez que Mariana y los chicos no pueden hacerme el regalo el mismo día..." Sin esperar respuesta ella le da otro beso y le entrega su paquete a la vez que le dice: "Para que hoy tengas el regalito que te merecés. Es un lindo teléfono celular, con muchos botones y funcionando. ¡Un chiche!"

Desde hace un año Fernando tuvo que dar de baja el suyo con mucho dolor a causa de la crisis. Un teléfono es para él algo realmente indispensable, una herramienta fundamental para su trabajo. Buen momento para que su madre se apiade de él. Ella no puede entender, y así se lo ha hecho saber varias veces, que su hijo tenga que andar buscando locutorios por todos lados mientras recorre la ciudad. ¿No le alcanza el dinero para algo tan importante?

A medida que transcurra el tiempo ese inocente obsequio traerá algunos cambios en la vida de Fernando, muy sutiles pero cambios al fin. Por ejemplo, se sentirá más en deuda con su madre y se encontrará debiendo llamarla con mucha mayor frecuencia. También se sumarán los mensajes cortos de ella con las preguntas de siempre: "¿Estás muy cansado? Los chicos dan un trabajo bárbaro, ¿hacés a tiempo? ¿Comés bien? ¿Por qué no vas al dietista?"

Claro que Fernando, por sus horarios elásticos, se ocupa bastante de los hijos e incluso de hacer alguna compra improvisada, porque Mariana, con los "buenos cambios" que trajo la crisis, tuvo que tomar un *full-time* en la oficina. Mientras avanza en su recorrido diario por los distintos locales, Fernando va pensando que últimamente no sabe bien por qué, pero cree que Mariana está más relajada en la oficina. Y si le toca ayudarla en la cocina (algo que antes hacía alegremente), se siente un poco raro. Por supuesto que todos sus conocidos colaboran en las tareas del hogar e incluso vio en el noticiero que hasta se ha formado una Liga de Amos de Casa, que barren, planchan y hacen las compras. Pero hay algo que no le cierra. De repente se siente cambiado...

A veces, de tanto discurrir y cavilar sobre todas estas cosas, sin querer se le caen al suelo los papeles o se le confunden las direcciones de los clientes, pero él continúa andando y cavilando: "Últimamente, Mariana se queja bastante. ¿Nos estará pasando lo que dijo Pablo?" No hacía mucho, su compañero de trabajo le había comentado que como su mujer se sentía más desganada y cansada había ido delegándole más tareas a él. "Pensándolo bien, aunque Mariana tiene una ayuda en casa, se ocupa con gran afecto de nosotros", se dice a sí mismo. Recuerda la vez que ella tuvo que ir a una convención y él se quedó solo con los chicos; entonces se dio cuenta de que todo lo que parecía normal que estuviera en una casa estaba resuelto. Tuvo el clic cuando se quedó sin mayonesa. "Es verdad que ella llega cansada por tener que absorber todas las dificultades de la oficina, pero le gusta atender a sus hijos y tiene todas las obligaciones en la cabeza. Vuelve volando y no se olvida ni de los tomates que se necesitan para la cena ni del yogur para el nene, "es increíble como el coco le da para todo. Como la vieja... ¿Qué es lo que me estará pasando que las comparo...? Aunque Mariana está REALMENTE EN TODO, y con menos egoísmo. Mamá se ocupaba sólo de aquello que a ella misma la gratificaba y nunca sabía cuándo era la reunión de padres o la prueba del hijo. Y eso que trabajaba unas horas y sólo para entretenerse, no por necesidad. Ella podía enojarse con una actividad y faltar cada vez que lo necesitara. ¡Qué diferente!, hacía actividades 'ad honorem'".

A veces, gracias al celular, improvisa algún café de unos minutos con su madre que le sirven para conversar, o más bien que ella usa para monologar, preguntarle por los chicos, charlar sobre las cosas de siempre, pero sin mencionar nunca a Mariana. Dice simplemente, al referirse a la gran cantidad de horas que su nuera está fuera de casa: "Los chicos deben extrañarla... ¡Pobrecitos!" ¡Qué abuela abnegada!

Por supuesto que su madre tampoco brinda soluciones. De vez en cuando llega de visita con unos chupetines y unas figuritas, pero no se hace cargo de su rol de abuela. Es, sí, una verdadera opinóloga. Últimamente se le ha dado por preguntarle a Fernando qué es lo que come que está tan gordo: "Seguro que comida chatarra. Como todos los chicos..." Él ha empezado a sentir contracturas y dolores de panza que desde hacía años no sentía, pero no sabe por qué si en realidad está tratando de alimentarse en forma natural. A veces piensa: "¿Estará mi vieja influyendo tanto en mi vida, con lo grandote que soy...?"

Fernando es el típico marido que cualquiera de nosotras quisiera tener. Un hombre que entiende de nuestras corridas y tribulaciones, que va haciendo clics y reflexionando mientras atiende todas las señales de alarma que percibe. Alguien que puede ponerse en nuestro lugar sin dejar de ocupar el propio.

Uno de los caminos más convenientes que tu pareja podrá tomar una vez que se ha dado cuenta de ser el real "beneficiario" de los mensajes maternos será poder reírse o burlarse de éstos, o cortar el diálogo con ella cambiando de tema. El peor de todos: absorberlos como propios, ya que de aquí a transformar tu matrimonio en *La guerra de los Roses* habrá apenas un paso. Tiene que ser un mediador-moderador que tire un poco para tu lado. Haber hecho el corte con su madre no sólo en el mundo real, sino también, y fundamentalmente, en su rico mundo interior.

Hombres eran los de antes

Una amiga me dijo una vez algo que me quedó grabado, que su suegra es como la corriente eléctrica: no se la ve, pero si tocas el extremo del cable (el hijo) te produce un shock. Son esos casos en que el hilo dorado de la dependencia no se nota a simple vista, pero se siente. Estas madres saben aplicar la "psicología" con sus hijos y pueden adiestrarlos a través de distintos condicionamientos para hacerlos a su medida.

Dice Colette Dowling en *El complejo de Cenicienta:* "El príncipe se esfumó. El hombre de las cavernas se ha vuelto más pequeño y más débil. De hecho, y por lo que se refiere a cuanto se necesita para sobrevivir, el hombre moderno no es ahora más fuerte, más listo ni más valiente que nosotras".

Podríamos agregar que si la hija se reconcilia con la madre porque al fin se convence de que el padre no es de ella, lo mejor que podría pasarle es que el hombre de su vida haya entendiendo suficientemente que la mamá es del papá y no de él. Una madre no es una persona que sirve de apoyo, sino una persona que hace innecesario el apoyo.

Para poder armar una pareja e involucrarse en una nueva historia es indispensable separarse de la familia de origen. Pero no hace falta que el hombre del nuevo milenio tome una actitud cruenta hacia sus padres o hacia sí mismo, como hizo Edipo, para lograr el crecimiento y la independencia. Es preferible, como enseña Lacan, que lo haga simbólicamente.

En la película *Historias de Nueva York,* una madre surge de entre los rascacielos, por encima de todo y de todos, para expresar claramente qué requisitos debía satisfacer la futura novia de su hijo para ser admitida como su nuera. El genio de Woody Allen supo capturar en esa imagen la fantasía colectiva sobre este poder materno tan trascendente que yo espero, salvando las distancias, llegar a transmitirles.

Sin llegar a tener o sentir a la madre de la película de Woody Allen, muchos "perciben" su influencia...

Hijo a perpetuidad

Muchos hombres pueden formar su propia familia o lograr su independencia económica a pesar de haber recibido el mandato —no escrito ni explícito— contrario. Pero hay otros que sólo lo consiguen recién cuando los padres desaparecen físicamente. Ansían no "traicionar" a la familia primaria dejando de pertenecer a ella.

Juan Carlos, de sesenta años, vino a terapia cuando el último de sus padres padecía un cáncer terminal. Deseaba sobrellevar de la mejor manera posible el doloroso momento. Al trabajar en la idea de formar una pareja oponía mucha resistencia y sólo pudo hacer el clic y permitirse pensarlo sin culpa recién al fallecer la madre. Poco a poco empezó a sentir que, a pesar de haber sido uno de los solteros más codiciados del barrio, había perdido el tiempo detrás de las necesidades de sus padres.

¿No les suena conocida la historia de aquel hijo que tenía mucho dinero y terminó perdiéndolo todo por hacer malas sociedades, malos negocios o números equivocados a pesar de ser un contador con experiencia? Las justificaciones en estos casos suelen ser innumerables y tienen asideros bien reales (el país, el socio, los empleados, los clientes, el banco), pero en general ocultan un deseo inconsciente de no superar al padre. A veces, es recién con una nueva pareja que logran hacer el quiebre con él. De ahí que muchos de estos hombres dependientes de la familia de origen en el mejor de los casos puedan obtener altos cargos ejecutivos o realizar exitosos emprendimientos con socios, pero rara vez triunfen solos para evitar mostrar una independencia absoluta.

El hombre proveniente de una familia con una situación económica holgada puede sentir mayores impedimentos a la hora de hacer su propio camino e independizarse de ella. Muchas veces, es sólo la viudez de uno de los padres o un bajón económico lo que a este hijo le permite remontar vuelo solo.

En otros casos, el mensaje apunta a la obligación de colaborar con el resto de la familia. Quién no conoció a alguien que tuvo que hacerse cargo de sus hermanos en respuesta a mandatos reforzados en el lecho de muerte de los padres. Incluso un hijo de ánimo fuerte debe enfrentar débilmente el compromiso moral de asumir esta responsabilidad, pudiendo el hermano o los hermanos permitirse toda clase de errores garrafales.

A determinada altura de la vida, todas las mujeres que en algún momento pensaron "contigo, pan y cebolla" y hoy son autosuficientes, sueñan con un hombre capaz de brindarles sostén tanto afectivo como económico. A los fantásticos 40, 50, una vez que mostró y sobre todo se mostró de lo que es capaz. Esto es una conclusión que saqué con mi humilde experiencia. Todas, en algún momento quieren tener su actividad preferida en la que se sientan a pleno pero con un pequeño aval atrás. No hablamos de las abusadoras o pícaras, sino de las afortunadas que saben gozar sin culpa del sostén marital. Si ustedes tienen treintipico, queridas lectoras, lo más probable es que todavía no hayan sentido este impulso e incluso pensarán ¡qué alocado lo que se le ocurre a esta psicóloga!, siendo que sólo anhelarán la independencia. No es mi interés pecar de materialista, sino tratar de descubrir qué simboliza este sostén económico fuera de la mera manutención.

Sostén significa *apoyo, protección, resistencia.* El sostén de un hombre, mal que nos pese a las mujeres independientes, es la prueba irrefutable de que puede sostenerse solo, y puede cobijar y hacerse responsable de la familia que formó.

> La comprobación de que ha hecho el corte indispensable con sus padres y puede elegir libremente. Significa que se ha convertido en "su propio hombre" porque *ha dejado de ser "hijo" (en el sentido de "niño"), para asumir plenamente la responsabilidad de ser mentor, padre y adulto (*es decir: *"pareja")*.

Casos de libro

Recuerdo el caso de mi paciente Patricia, que estaba desconcertada porque la suegra había dejado intacta la habitación del hijo desde el día en que éste se casó y se fue. Dejaba también el pijama debajo de la almohada e incluso no se privaba de cambiar las sábanas periódicamente. Este último detalle remitía a una madre no claudicante ("por si él decide volver en algún momento"), que alienta siempre la esperanza inconsciente de que cualquier dificultad haga regresar al hijo (ella descuenta que tarde o temprano lo hará).

En el año 1984, descubrí una solicitada en el diario *La Nación* que decía: "Fulana informa a sus amistades que no participará del casamiento de su hijo por no estar de acuerdo con la persona con la que se casa". Era evidente que esta otra suegra padecía de una clase no poco frecuente de paranoia aguda que podríamos denominar "litigante", característica de las modernas suegras con escoba. Una madre de este tipo podrá suscitar en el hijo distintas reacciones: vergüenza (en tal caso, él intentará detenerla), culpa (sentirá que verdaderamente no ha dado con la persona indicada) o fe ciega (le conferirá a su madre el poder de la omnisciencia y terminará creyendo que la afortunada no era para él).

Herman Hesse dijo en su libro *Demian:* "Los que son demasiado perezosos o comodones como para pensar por sí mismos y ser sus propios jueces, obedecen las leyes. Otros sienten sus propias leyes dentro de sí mismos; éstas les prohíben cosas que cualquier hombre honesto haría cualquier día del año, y les permiten otras cosas que suelen considerarse despreciables. Cada persona debe pararse sobre sus propios pies".

> La idea entonces no es romper los vínculos difíciles, sino trabajar para que sean sanos y felices. Es muy importante que tu pareja tome cartas en el asunto y encuentre alguna forma de limitar la influencia de tu suegra, quien tendrá que sentir que él lo hace por su propio bien y no por culpa de su pareja.

El evasivo	Registra	No se involucra
El intuitivo	No registra	Se involucra
El *zombie*	No registra	No se involucra
El marido creativo	Registra	Se involucra

En la medida en que aumenta el peso y la gravitación de nuestros compromisos personales y asumimos nuestras responsabilidades, se incrementa la conciencia y el sentido de nuestra vida. Quiere decir que nosotras, así como también nuestra pareja, tenemos cierta responsabilidad por el lugar que le damos a nuestra suegra y lo que hacemos por nuestra propia familia.

Test:
¿Tengo un marido creativo o un *zombie* sin remedio?

¿En cuál de estas cuatro categorías ubicarías a tu pareja? No desesperes si tu compañero no entra en este universo masculino en forma completamente ajustada. Lo más probable es que tenga alguna tendencia bien marcada de una de ellas e ingredientes de las otras (piensa que, siendo como es el hijo de tu suegra, no podría ser perfecto).

El evasivo
Puede sentirse culpable de tener una buena pareja y de que su madre lo note. Es aquel marido que se da cuenta de que algo le pa-

sa, pero su primera reacción es provocar el enfrentamiento por cuestiones totalmente ajenas al verdadero motivo de su malestar. El que suele acotar cosas como "le voy a consultar a fulano" o "ellos me insistieron", es decir, que siempre le tira la pelota a otro jugador y sale indemne de todas las situaciones.

¡Cuidado, amiga!, ya que será capaz de llegar casi hasta el divorcio antes de reconocer que la causa profunda de las peleas y desencuentros contigo no es otra que la fidelidad a su madre. Trata de no engancharte en su juego cada vez que pretenda endosarte su relación conflictiva con ella; que no seas tú la que ponga cara de mala. Recuerda que, hagas lo que hagas, terminará perdonándola.

El intuitivo
Si eres de las personas a las que les gusta desmenuzar cada cosa que les pasa, éste no es tu tipo. Freud ni siquiera ha rozado la vida de un marido intuitivo, aunque él es capaz de percibir que lo mejor para todos es que su madre y su esposa tengan un vínculo sano y armónico y a ello se aboca. Tiene buenas intenciones, pero aspira a la paz familiar sin indagar demasiado en las profundidades de su ser.

La intuición masculina nunca es tan perfecta como la femenina. Un presentimiento equivocado, una mala jugada de la intuición de tu compañero, alcanzará para que se filtren las estrategias de tu suegra. Tienes que ayudarlo a cuestionarse un poco las cosas, aunque sin pretender que se convierta en un Paulo Coelho o un Rabindranath Tagore.

El zombie
Nadie elegiría conscientemente un marido de esta categoría. Nunca está alerta a nuestras necesidades y siempre nos deja pensando qué pudo habernos obnubilado de él. Al contrario de la canción, él "deshace el camino al andar". Le cuesta comprometerse y todo le da lo mismo. De repente se encuentra con problemas que "le caen del cielo", por lo que siempre es digno de lo que le falta.

Un marido de la clase de los *zombies* habita en otra dimensión y es muy difícil que aterrice en la nuestra. Haría falta una junta de psicólogos para traerlo a este mundo. Si amas la soledad y estás dispuesta a pellizcarle el brazo las veinticuatro horas del día, entonces estás frente a la persona adecuada.

El marido creativo

Como en el caso de Fernando, es aquel marido que está siempre dispuesto a cambiar y mejorar su relación de pareja, y esta plasticidad le permite cortar aquellos circuitos de comunicación que influyen negativamente en ustedes. Se da cuenta de que, así como cuando era chico sus padres le ponían límites, ahora le toca a él determinar hasta dónde pueden ir y qué tan lejos pueden llegar ellos en su pareja y familia. Es protagonista y mentor de su propia vida y elige siempre el argumento más adecuado. En pocas palabras, es aquel que se juega por nosotras. Trata de encontrar el equilibrio. evita contar "lo peor que le comentó cada una de la otra parte".

Si tienes un marido de estas características, ¡felicitaciones!, has logrado hacer realidad el sueño de toda mujer (incluso de la más moderna).

Un modelo de hijo

La pareja es uno de los temas dominantes sobre todo para el género femenino, que nacido de una costilla de Adán necesitó, desde que el mundo es mundo, reunirse en estrecha comunión con el hombre que se supone le dio la vida. Para estar en pareja hay que estar "parejo" a alguien, y esto que parece tan sencillo no lo es tanto y a menudo es motivo de conflictos donde ponemos a prueba toda nuestra capacidad de amor y comprensión (si ustedes están dentro del rango de los treinta a los cincuenta, ya lo habrán notado).

A la hora de dar y recibir amor, es decir, de formar una pareja, suelen aparecer todos los miedos que estaban escondidos. Y como si esto fuera poco, surgen también los inevitables conflictos familiares, ya que al formar una pareja estable, aunque nos hayamos jurado lo contrario, nos metemos en el brete de tener que vérnoslas con un montón de personajes, cada uno con sus propios "rollos".

La problemática con respecto a la pareja puede ser superficialmente distinta y manifestarse en la imposibilidad de vivir sin ella, de conseguirla, de preservarla más allá del deslumbramiento inicial, de cambiarla, de rehacerla o de terminarla. Lo que siempre está en juego en todos estos conflictos es nuestro propio pasado, nuestro acervo particular respecto de la unión del hombre y la mujer, algo que podríamos denominar nuestro "mapa de la pareja".

Este ideal contiene la impronta de los deseos y mensajes paternos tanto subliminales como explícitos. Si bien es dinámico y va cambiando como un caleidoscopio según los distintos momentos de la vida, siempre tendrá en nosotros una influencia decisiva. Desde la primera noviecita o noviecito del jardín de infantes hasta la pareja actual (y también la futura, esa que uno tiene siempre en la cabeza), inconscientemente toda elección responderá a él.

Todo el mundo sueña con una pareja ideal, una pareja "modelo" que complete la mitad que le falta y lo convierta en un ser único y pleno. Pero como lo propio de los ideales es su carácter de inalcanzables no creo que nadie pueda asegurar haberla alcanzado nunca. Mientras la pareja modelo es una fantasía imposible, el modelo de pareja es una realidad ineludible. En efecto, al relacionarnos afectivamente con otra persona, todos, sin excepción, lo hacemos de acuerdo con este modelo gestado desde la más temprana infancia. ¡Qué ingenuos!

Quédense tranquilas queridas lectoras el modelo de marido que su suegra o su querida cuñada quieren para ellas es totalmente la antítesis del que pretende y desea usted...

"Como mi madre no hay otra"

Pero no se alarmen ya que si bien es ineludible que a la hora de elegir el hijo tome a su madre como referente, esto no significa que buscará siempre un clon de ella en versión más joven. Podrá optar también por el antitipo materno. *Chicas, la mente humana no es tan sencilla.*

Supongamos que la madre fue la clásica matrona que todo el día estaba con el delantal puesto y que nunca trabajó ni le interesaba la vida social (dejando de lado, claro está, todos los compromisos familiares habidos y por haber). A lo mejor, el hijo buscará una experta en relaciones públicas que esté siempre de punta en blanco y peinada de peluquería. Si ha tenido una madre parlanchina que se pasaba el día entero conectada al teléfono inalámbrico y que apenas el marido se levantaba ella le daba el cronograma de las tareas a realizar, este niño que observó la escena desde pequeño pensará en una pareja que le señalice menos el camino y sea más permisiva.

Pedro, que desde chico vio a la madre ocuparse de la casa y llevar el control de todos los cuidados del hogar (una especie de general del ejército que impartía órdenes todo el tiempo), trató de hacerse una imagen autosuficiente de sí mismo pero tomó como base, inevitablemente, la pareja de sus padres. A la hora de encontrar a la madre de sus hijos buscó una mujer sumisa y dependiente, que lo llamaba cinco veces por día a la oficina para preguntarle desde qué tenía que hacer con la plancha que había dejado de funcionar hasta cómo reaccionar frente a tres líneas de fiebre de su hijo adolescente. Todo tenía que estar bajo supervisión de Pedro. Él se había criado y había crecido con la idea de ser el superhombre y hacerse cargo de todo.

En ese momento, Pedro no se había resuelto a hacer terapia porque era tan autosuficiente que sentía que iba a poder salir solo de su situación. Terminó separándose, pero con el tiempo se dio cuenta de que sus nuevas parejas tampoco resultaban y que seguía repitiendo la misma historia con distintas personas. Fue así que inició una terapia. Trabajamos con la imagen que tenía de sí mismo y de la pareja, y poco a poco fue logrando ajustarlas. Saneamos el vínculo con su madre, quien continuaba siendo para él un referente significativo, y al modificar el vínculo con ella logró unirse a una mujer menos sumisa y con proyectos propios (algo que él admiraba en una mujer) sin por ello dejar de tomar el mando de sus propias decisiones.

Otro caso es el de Luis, quien siempre había sido muy tímido e inseguro y nunca se había sentido merecedor de la simpatía de la chica más linda del grado porque la madre, de una forma u otra, le hacía sentir que no era digno de una superdoncella. En todos los ámbitos tartamudeaba o "tecleaba" ante la autoridad. Su padre era un hombre exitoso con el cual no podía igualarse, ni tampoco se lo permitían porque había caído en la trampa mortal de ser impulsado a "hacerse hombre" justamente en cualquier otra empresa que no fuese la familiar. Todo el tiempo sentía que no podía, o no lo dejaban, desarrollar su esplendor interior. A la hora de elegir una pareja de importancia buscó a una mujer a quien tenía que proteger y ayudar en todo, lo cual le permitía sentir que en verdad la merecía.

El siguiente chiste es un ejemplo muy ilustrativo de la fuerza inconsciente de este modelo forjado en la infancia:
Le contaba a mi psicoanalista:
—Soy un desgraciado, doctor. Cuando yo era chico, mi mamá no me dejaba hacer nada.
—¿Y ahora que es grande?
—Mi señora me obliga a hacer de todo.

Conocer el modelo de pareja que se tiene es una instancia fundamental para no cometer siempre, y de manera compulsiva, los mismos errores. Y esto es necesario porque uno de los peligros de caer en el círculo vicioso es tener nuevas suegras iguales a las anteriores. Quiere decir que muchas veces lo mejor es modificar los modelos de relación en lugar de cambiar los personajes siempre y cuando valga la pena conservarlos...

Claves de la armonía o reglas de oro de la convivencia

Para finalizar, quiero brindarles una batería de sugerencias para poner en práctica a la hora de luchar por la tan ansiada armonía de la pareja:

- Recordar que deben tener proyectos individuales además de los proyectos en común.
- Conversar sin apuro, en el momento adecuado, sin guardarse nada para no explotar luego como un volcán.
- Tener siempre en cuenta que el ideal total no existe.
- Si a uno le gusta la pareja de al lado, preguntarse qué hacen ellos para estar bien.
- Ser flexible con el modelo de pareja que uno tenga y no encasillarse siempre en una misma estructura.
- Tratar de tener salidas con amigos o solos, es decir, tener espacios propios, porque si no todo tiene que "rellenarlo" la pareja.
- Incentivar la posibilidad de disfrutar de una buena intimidad.
- Tener buen humor y hacer negociaciones donde uno banca determinadas cosas y el otro, otras.
- Conocer la familia implica mantener una relación conociendo

las reglas del juego. Hay que conocer los posibles conflictos. Una dificultad que está en sobreaviso se torna más pequeña.
- No hay peor sordo que el que no quiere oír... Los malos entendidos, el "desoir" y las malas interpretaciones hacen un cortocircuito y un juego difícil de cortar y apaciguar.
- Marcar el límite entre ahogo e interés en compartir con el otro.
- Las emociones son siempre las mismas depende como actuamos frente a ellas.
- Cuando decimos sí, tenemos que tratar de no ceder, ser nosotros. Debemos ser nosotros mismos sin morir en el intento.
- Antes de pensar que estamos con un "metido" pensar que se involucra.
- Ser nosotros mismos sin morir en el intento.
- Debemos aprender "el arte de decir no"; no tener el "sí" fácil, para luego pasarle a nuestra pareja facturas impagables.

En materia amorosa lo importante es estrenar nuevos contratos, es decir, ponerse de acuerdo en determinadas reglas, y tener en cuenta el bagaje emocional que trae el otro para poder entremezclarlo con el nuestro.

> Siempre se está a tiempo de construir una relación satisfactoria. Para eso es fundamental vencer los miedos al compromiso, poner en claro los ideales inconscientes que influyen en el momento de la elección de pareja y, sobre todo, no creer que ésta nos proporcionará mágicamente la felicidad que no podemos procurarnos por nosotros mismos. No debe llenar nuestras vaciedades.

Mucha gente que no se encuentra conforme con la persona que tiene al lado rehúye de la terapia por temor a que ésta le confirme la sospecha de que quizá deba separarse. Sin embargo, como terapeuta puedo decir que **lo que suele creerse insalvable** es, en la mayor parte de los casos, **perfectamente solucionable. La pareja se puede recrear, abordarse de otra manera, enriquecerse, y también puede cambiar su circuito de vínculos. Aunque vivimos en la era del** *zapping*, **en cuestiones sentimentales la mejor solución no siempre es "cambiar de canal".**

El *yingale* Moishe decide que es hora de casarse y se lo comenta a su *mamele* Berta. Pero le propone que, antes de decirle con quién se casará, deberán jugar a un juego. Él invitará a cinco mujeres a su casa para que cenen con su *mamele*, y le propone a ella que adivine con cuál de las cinco se casará.

Llega el jueves. Berta, muy atenta, recibe a las cinco mujeres en su casa agasajándolas con exquisitos manjares (léase: *varenikes, blintses, kishkes, gifilte fish, krein* y demás) y al cabo de la reunión, se retira a descansar.

Al día siguiente, Moishe la despierta muy temprano y le pregunta:

—¿Y *mamele*? ¿Con cuál me voy a casar?

A lo que ella, muy dormida, le responde:

—Con la pelirroja.

Moishe, muy sorprendido, le pregunta:

—¡Increíble! ¿Cómo te diste cuenta?

—¡Es la que menos me gustó!

5
¿Y nuestro suegro qué?

En todas las historias del género policial —relatos, novelas, películas—, siempre hay varios sospechosos que parecen tener todos igual grado de compromiso con el crimen, además de un buen motivo para haberlo cometido. Saben más de la cuenta sobre el hecho, ocultan más de lo que dicen e incluso suelen darle al lector o espectador pistas muy concretas de que realmente están involucrados de alguna forma. La efectiva tensión de la trama cubre con un manto de sospecha a todos los personajes, incluso a aquellos que parecen tener la coartada perfecta. Pero a medida que transcurre la intriga resulta que el sospechoso principal (siempre hay un favorito) era un noble ciudadano que se encontraba en la escena de pura casualidad, mientras que el último de la lista, ese por el que no dábamos un centavo, el típico "yo no fui", se convierte en el cómplice silencioso del despiadado jefe de la banda. ¡Qué inocente parecía, más puro que el agua!

> Según cómo sea la novela de tu vida, tu suegro podrá tener distintos grados de actuación y compromiso, pero en general su papel nunca será tan perfectamente logrado como el de su aliada, tu suegra, la acreedora del protagónico absoluto.

A veces, la figura del suegro puede compararse a la de un simple peón que sólo protege la seguridad de su rey, a la pequeña fortaleza de la torre o al arrogante caballo. También en el ajedrez familiar, bajo la aparente impresión de que quien manda es el rey, los verdaderos hilos no los mueve otra que la reina (nadie, queridas señoras, va a quitarles el protagonismo: ni hoy que son reinas-nueras ni en el futuro, cuando ocupen el tan ansiado lugar de reinas-suegras).

Tanto en las épocas patriarcales como en nuestros tiempos modernos con su creciente oleada de "jefas de hogar", detrás de un gran hombre siempre ha habido una mujer (léase: que hace y deshace *a piacere*). Nada puede hacer el rey solo sin su séquito de ayudantes —tus cuñadas, de quienes nos ocuparemos enseguida— y, principalmente, sin la acción proactiva y la inmunidad diplomática de la reina.

En pocas palabras, un suegro es:

- Aquel socio intrigante que vive con tu suegra, pero a pesar de eso no llega a odiarte del todo.
- Dice que te quiere como a una hija, pero solamente "te tiene de hija".
- Alguien que siempre está alrededor cuando no lo necesitas.
- A pesar de conocer a tu suegra, la defiende como si fuera Golda Meir.
- Aunque siempre está en un segundo plano, es el que elige y re-elige permanentemente a tu suegra.
- Es capaz de dormir junto a ella y sobrevivir cada mañana (unen tanto los afectos como los odios).
- Trata de encontrar el justo equilibrio entre dos mujeres (esposa y nuera) para que no arda Troya y él tenga que tomar parte en el asunto.

Podríamos hacer una estadística casera y seguramente llegaríamos a la conclusión de que un porcentaje muy bajo de personas tiene cosas para decir del suegro.

Sin embargo, conviene que lo tengamos siembre BAJO OBSERVACIÓN. Y que recordemos todo el tiempo que fue él, justamente, quien eligió a esa que hoy es nuestra suegra.

• Suegras •

Suegros y suegros
¿Qué clase de suegro me tocó en el sorteo?

El cuasi-perfecto:

Es el que toda vecina admira en vos, el mediador entre todas las partes, aquél que convence a tu bienamada suegra de que no sería tan grave que pasaras dos meses en Pinamar con los chicos y te apoya en tus proyectos de realización personal y profesional. Es el clásico suegro "pata", bien predispuesto, que te recomienda la última película que sabe que te gustará. Con él eres la envidia de todo el barrio. A esta clase de suegros puede pertenecer aquel viudo simpático que quiere rearmar su vida sin que sus hijas edípicas —tus cuñadas— se lo impidan. En fin, es lo más parecido a la perfección, aunque ¡cuidado, amiga!, no deja de ser un simple mortal y, tarde o temprano, puede mostrar su verdadera hilacha.

El ventrílocuo:

Si los títeres pudieran hablar, estos suegros serían candidatos al Oscar. Como en *El exorcista*, ellos no saben cómo pero terminan articulando frases que nada tienen que ver con su jerga y que resuenan extrañas, anormales y desconocidas en ellos, pero a la vez tremendamente familiares.

No imagines, querida amiga, a un sujeto indefenso y sin carácter. Los hay grandes empresarios con una tropa de empleados a su cargo, diplomáticos de las naciones más beligerantes del planeta y hasta presidentes de asociaciones defensoras de los Derechos Humanos. Estos seres tan activos muchas veces prefieren dejar en manos de sus esposas todo lo atinente a las relaciones familiares ("es cosa de mujeres"), pero terminan pagándolo caro ya que todo aquello que tu suegra no se permita decirles a ti y a tu atormentado compañero será él el encargado de transmitírselos.

Una variante del anterior es aquel suegro que, de acuerdo con su elevada autoexigencia y escaso disfrute de la vida, ha internalizado todos aquellos elementos sádicos que tu suegra le transmitió. No hablará con palabras de la esposa, sino que las tendrá como propias.

Suegro sospechosamente compinche:
Detrás de un suegro con estas características, al que le gusta quedar bien con Dios y con el Diablo, puede ocultarse, como en las películas de suspenso, un cómplice encubierto de tu suegra.

Graciela había perdido al padre cuando era una niña y entre sus recuerdos más preciados estaban esos ojos azules igualitos a los del suegro. Él siempre le había parecido un hombre dócil e inocente, incapaz de cualquier maldad humana. Simpático y seductor, sabía retirarse a tiempo de todas las jugadas, pero extrañamente Graciela siempre terminaba quedando como la mala de la película, y si le contaba una confidencia tarde o temprano ésta terminaba en boca de la suegra. Incluso con su hijo hacía el mismo doble juego. Graciela poco a poco fue dándose cuenta de que, de su padre, el suegro sólo tenía los ojos.

En el caso del yerno, es el típico suegro que se da cuenta de que como ya ha perdido la batalla y se han llevado a su princesa, una forma de tenerla cerca es mediante alianzas con él. Esto implica una amplia gama de actividades en común, desde ir ambos a pescar, salir de vacaciones en familia y hasta contarle sus chismes y sus penas.

Juan José era un administrador exitoso cuyo *hobby* preferido era leer libros de filosofía. Se encontró con un suegro que, si bien se confesaba un negado para los números, podía debatir con agudeza los temas más abstractos y diversos. Esta compatibilidad constituía un verdadero frenador para que el suegro no terminara poniéndose siempre del lado de la esposa.

Suegro tapa-agujeros:
Es aquel que tapa los baches, pero nunca da una solución de fondo. Si hacen cuentas, su ayuda incluso podrá llegar a costarles más cara que si no se ocupara de ustedes, por la deuda espiritual o material que implica. Será capaz de regalarles un departamento de un nivel que exceda sus posibilidades de mantenerlo o las cuotas de un auto que no podrán pagar, pero nunca les dará las llaves de un local que un experto en marketing recomendaría. También conspirará contra sus posibilidades de lograr la independencia ya que co-

mo siempre les saca las papas del fuego, no tienen incentivo para esforzarse.

La curación de esta verdadera dependencia, si no llega por el camino del trabajo interior, sólo se produce cuando se pierde a este querido suegro, con el que siempre infantilmente se cuenta. Por eso es mejor resolverla de la primera forma si bien es más trabajoso.

El siguiente es un caso especial para maridos.

Suegro edípico:
No es fácil competir con ellos, pero eso no significa que todos los yernos deban padecer las vicisitudes que vive el personaje de la película *La familia de mi novia*. Este suegro le hace pasar al futuro esposo de la hija las mil y una pruebas con intención de alejarlo, mientras que a ella no le queda otra opción más que hacer méritos para intentar retenerlo. Este tipo de padre, que siempre tiene la escopeta cargada detrás de la puerta, que le hace sentir a su nena desde la niñez que no hay hombre mejor que él sobre la tierra (ningún candidato está a su altura), difícilmente haga todo lo posible para que su hija Julieta se desplome ante un Romeo. Habrá que esperar que nazca al mundo, crezca y se haga hombre ese que al fin la merezca.

Cómo enfrentar a un suegro edípico. Consejos útiles para varones:

- Trata de no igualarlo nunca en lo que él hace.
- Trata de mostrarle que el papi es completo (pero el que duerme con la nena eres tú).
- Aunque tu suegra haga los mejores ravioles del mundo, prefiere el arroz hervido. De esta forma evitarás caer en la trampa de dejarte conducir cada domingo a la guarida de tu suegro edípico.
- Regálale a tu pareja esa minifalda cortita que nunca se atrevió a usar a causa de los celos paternos.
- Trata que disfrute de situaciones "vedadas en su tierna infancia".

• Beatriz Goldberg •

Sean del tipo que sean, los suegros son piezas necesarias del juego familiar, y su estrategia responderá a cómo hayan resuelto su propia vida y pareja. Emplearán otros recursos o reactivarán los mismos, pero en cualquier caso no debemos olvidar que tienen la camiseta de nuestra suegra. Lo mejor es pensar que un suegro, por el solo hecho de serlo, nunca es inocente —aunque lo parezca—, sino que será culpable hasta que demuestre lo contrario.

6
A falta de suegras, buenas son las cuñadas

Cuando toda mujer piensa en su príncipe azul (si lo encuentran, avísenme adónde hay que dirigirse) y fantasea con su futura vida juntos, ninguna tiene espacio en su imaginación para una suegra. Menos todavía para una cuñada (o varias).

La siguiente escena puede desarrollarse en la cocina de tu hogar en uno de esos días en que estás tapada de platos y ollas sucias, y a un costadito, tratando de disimularse, un canasto desbordado de ropa para lavar y otro tanto para planchar. Tu dulce y rozagante bebito luce con todos sus bríos su tercer mes de vida. No hay forma de que deje de llorar excepto teniéndolo "a upa". Recuerdas con cariño tu figura juvenil y te das cuenta de que no tienes ropa a tu nueva medida, y te sientes una piltrafa aunque sólo tienes treinta y pico. Cuentas con las horas justas para hacer lo mínimo indispensable para ti, el tiempo no te alcanzaría para hervir las verduritas de una dieta hipocalórica. La semana pasada tu marido recibió la noticia de que trabajará medio tiempo por medio salario, así que te viste obligada a hacer lo mismo (¡justo ahora!) con la inapreciable ayuda de tu empleada doméstica. Así están las cosas cuando tu querida cuñada llega en forma imprevista, como siempre en los momentos más oportunos, recién repuesta de su última lipoescultura, con los reflejos recién hechos y, a juzgar por la multitud de bolsas con sus moños coloridos, de regreso del shopping. Enseguida pregunta, con la sonrisa todavía dibujada:

—¿Cómo andás? ¿Y Dani?
—Está por ahí tratando de tirar unas líneas —respondes.
—Ah, bueno. Así se distrae un poco —acota.

Para no iniciar desde ahora un seguro conflicto le ofreces un café como única respuesta. ¿Para qué entrar en detalles...?

—*Para mí cortadito* —pide, y agrega— *pero si no tenés leche descremada no porque estoy a dieta es-tric-ta.* —Lo dice marcando bien las sílabas mientras te muestra cómo le desaparecieron los rollos gracias a la magia del bisturí.

—*Entonces te lo debo* —respondes—. *Solamente me queda la leche entera que toma Daniel, que no soporta lo diet.*

—*¿No se te ocurrirá a vos también tomar esa leche no?* —dice de pronto.

Teniendo un saludable e intempestivo *insight* se te ocurre pensar que hace mucho tiempo que no comprás lo que te gusta, pero prefieres ignorar el golpe.

—*A veces... Justo se me terminó de la otra* —comentás, tratando de eludir EL TEMA de los kilos. Pero ella, siempre tan perceptiva, vuelve al asunto:

—*Sería taaaan bueno para vos en este momento que hicieras una dieta balanceada.*

Lo dice mostrando una sonrisa forzada, como si quisiera dejar en claro que ella sólo busca tu bien. Pensaste en los quince kilos de sobrepeso y, lo más amistosamente posible, le contestaste:

—*Estoy por empezar.*

¿Cómo recuperar el terreno perdido? Parece imposible, pero de repente el bebé comienza a llorar. Tratás de calmarlo y lo lográs, pero al poco tiempo vuelve a romper en llanto. Levantando temperatura se lo pones a tu cuñada en los brazos para poder ir a apagar la olla con el arroz, que se está pasando, y atender el teléfono, que no deja de sonar. Ella, temiendo algún manchón en su modelo de Piazza con el provechito de su dulce sobrino, empieza a temblar. Pero cuando crees que el triunfo es tuyo se encarga de poner el broche final:

—*¿Cómo? ¿No usás arroz integral? Con razón...* (y se tapa la boca con una mano como si hubiese hecho un comentario "sin querer").

Así como hay cuentos que proponen distintos desenlaces de acuerdo con las expectativas de cada lector, también podríamos encontrar distintos finales para esta historia. ¿Cuál elegirías si fueras

tan afortunada de tener como cuñada a un verdadero regalo del cielo como la de la escena anterior?:
1. Tratas de explicarle que ambas están pasando por distintos momentos vitales y también económicos (¿No se habrá dado cuenta de que este arroz estaba en la lista de ofertas del súper?) y pasas a otro tema.
2. Sigues en tensión nerviosa, tragando la bronca durante un rato y tratando de esquivar sus indirectas (que pueden terminar o no en un mensaje más directo) hasta sentir una poderosa gastritis.
3. Te la sacas de encima de distintas maneras, por ejemplo:
a) Ofreciéndole la posibilidad de que te ayude a bañar al bebé, que está en plena etapa de "chapoteo".
b) Diciéndole si quiere darte una mano con el estofado.
c) Preguntándole: "¿Para cuándo los confites con tu nueva pareja"? (a veces, conviene devolver el golpe).

En este punto, es preciso cortar la conversación mediante cualquiera de las opciones señaladas (y/o con otras más creativas) que encuentren a mano a riesgo de que tu cuñada se explaye tranquilamente recordándote, con lujo de detalles, los anteriores amoríos de su hermano con mujeres delgadas.

Cada una de ustedes puede sentirse identificada con alguna parte de esta escena, pero no dudo de que tendrán una propia con sus propios ingredientes.

La hermana de mi marido

Como siempre decimos en estos casos, hay cuñadas y cuñadas, pero incluso cuando se encuentran en un escalafón menor que el de tu suegra suelen tener, también como ella, una relación edípica con tu compañero. Al igual que Jerusalén, todas quieren conquistarlo. La díada dependerá, entre otros factores, del orden de aparición de cada integrante en la historia familiar y el reparto y la pelea por el cartel está casi a la altura de los entretelones por el orden de aparición de las vedettes.

• La hermanita menor

El vínculo que se ha creado entre ellos probablemente se caracterice por la protección y la complicidad. Y si hay hermanos intermedios, la relación habrá estado incluso libre de celos y competencia por el amor materno, lo que no es poco decir. Penetrar esta alianza tan pura demandará mucha energía de tu parte. Aunque esta hermana que tanto cuidado ha recibido de él (es casi como un padre para ella) tenga su propia familia, admirará a su hermano mayor y se sentirá en riesgo por tu causa. Te marcará de cerca y tendrás que lidiar con sus celos.

Lo fundamental en estos casos es evitar por todos los medios que sea tu cuñada quien decida en tu vida. Tendrás que aprender a compartir con ella el rol de mujer protegida (no te sientas mal, recuerda que incluso una mujer fuerte puede anhelar un sostén. Confiésatelo tranquila y no se lo cuentes a nadie), ya que quizás esta hermanita haya sido la benjamina consentida y graciosa que todo lo hacía bien. Al principio la carrera será pareja, pero luego tomarás ventaja. Mientras tu pareja no entre en su juego, no existirán riesgos. *No te olvides que una hija es siempre una hija.*

• La hermana mayor

En líneas generales, tiene una actitud mucho más maternal con sus hermanos porque puede creer que ocupar ese rol es su obligación. Aunque sienta celos de su hermano ("el preferido de mamá"), este sentimiento nunca será el mismo que a la inversa (dicen que los varones son más celosos).

Es fundamental el grado de responsabilidad real que ha tenido que asumir esta hermana en la familia. Recuerdo el caso de mi paciente Sofía, cuya madre había fallecido cuando ella tenía doce años, su hermano seis y el menor cuatro, por lo que había ocupado en su familia el lugar materno. Aunque ella era independiente y había formado su propia familia, vino a mi consultorio sintiéndose culpable porque el hermano menor quería irse del país, y al haber sido casi como un hijo para Sofía el sentimiento de pérdida que experimentaba le causaba mucho dolor.

Puede ser que tus cuñadas tiendan a molestarte un poquito menos si tienen una pareja satisfactoria. En caso contrario (están divorciándose o no pueden dar con el hombre ideal), probablemente les fastidie enormemente que tú sí hayas encontrado al hombre de tus sueños. Todo dependerá de cómo cada una se encuentre parada ante la vida en determinado momento.

Consejo: tratá por todos los medios de convertirte en celestina y buscale pareja u horas extras de trabajo. No te arrepentirás...

La concuñada

A veces, estas cuasi-cuñadas pueden sacar lo peor de ti y llamarte a competir con ellas como si por sus venas corriera la sangre de tu suegra.

Mariela llegó a mi consultorio diciendo que a pesar de que su marido era un hijo muy afectuoso, que se hacía cargo de su madre en todo, siempre se sentía en falta. Mientras que el hermano, Sebastián, podía invertir su tiempo, dinero y energía en progresar y acumular éxitos ya que todo lo que venía de él era bien visto por la suegra de Mariela. Por lo tanto, su concuñada no tenía que hacer mérito alguno: el solo hecho de pertenecer al mundo de Sebastián era suficiente para elevarla a la categoría de nuera maravillosa. Contra esto Mariela creía que no podía luchar. Había probado todas las estrategias posibles, desde imitarla y adularla hasta criticarla y tratar de encontrarla en faltas. Sentía que la lucha le quitaba muchas energías. Como un *boomerang,* cada estrategia se le volvía en contra.

Lo más recomendable en estos casos es que centres la energía en ti misma. La matarás con la indiferencia si le muestras que no te interesa para nada competir con ella.

Piensa además que las nueras-únicas están mucho peor que tú. Las suegras esperan de ellas todas las bondades. Al menos en estos casos, tendrás con quien turnarte. Es arduo ser el hijo preferido, tiene sus bemoles.

Como hemos visto, siempre hay alguien bien dispuesto a cumplir con el rol de suegra. Si tienes una cuñada o concuñada de estas características, todo este libro, querida víctima, es para ti.

Cómo aislar a una cuñada

Las siguientes estrategias te servirán para dos fines: en primer lugar, tratar de evitarla (léase: que reviente) y en segundo lugar, devolverle la agresión (léase: que se cocine en su propia salsa). En casos de extrema urgencia, no dudes en consultar esta lista:

- Si sabes que está sola, invitarla al cine con otras parejas.
- Si sabes que uno de sus hijos tuvo varios aplazos, contarle que los tuyos te llevaron un boletín de diez.
- Hablarle todo el tiempo de ti.
- Combinar su visita con la de esa amiga tuya que tantos premios y reconocimientos ha tenido en su profesión.
- Aunque tus hijos se lleven fantástico con los de ella, si se va de vacaciones a la playa retomar tu placer por la montaña.
- Trata de evitar cuando hablas con ella preguntarle que hará el fin de semana. Está el riesgo que se prenda al tuyo...
- Puedes complementarlo *de ser necesario* con la lista que preparamos para alejar a la suegra de tu casa...

Estas opciones deben usarse de acuerdo con el grado de interferencia de estas delegadas intachables pertenecientes al séquito selecto de tu suegra. Pero si el incendio es controlable, lo mejor es recurrir a otras tácticas menos cruentas...
Hay que usar la política con la familia política.

7
Suegras de antaño...
¿mejores o peores?

Dicen que todo tiempo pasado fue mejor. Que muchos años atrás nadie vivía "a mil", que la familia comía en armoniosa reunión y no se discutía por el control remoto. Muchos padres modernos, en especial aquellos que les dieron a sus hijos la libertad de conocer este mundo tan variado, confiesan que en algunos momentos les encantaría poder tener la autoridad que tenían los padres de antaño, que con sólo mirar a sus vástagos lograban frenar todos sus impulsos. Anhelan este tipo de vínculo familiar que siempre criticaron, una relación que se regía por la más básica y primitiva subordinación, el autoritarismo y el miedo. Y este sentimiento surge cuando, por ejemplo, el hijo llega del boliche de madrugada, tambaleante o con olor a "porro", o al ver que la hija adolescente está teniendo los vestigios de un embarazo incipiente.

Antes se valoraba el tiempo libre y el descanso mucho más que en nuestros días. Como dice la canción, había tiempo de sembrar y de cosechar. En cambio en la versión moderna de la existencia el tiempo productivo es un verdadero enemigo del hombre que se adueña de todas sus horas esclavizándolo. Lo común es trabajar diez horas por día y no olvidarse de llevar trabajo a casa.

La tecnología ha cambiado por completo nuestra vida, pero el tiempo que le dedicamos al disfrute igualmente es escaso. Se vive intensamente, pero se ha perdido el umbral del placer. Para colmo de males, gracias al marketing que supimos conseguir sentimos que tenemos muchas más necesidades materiales que nuestros abuelos.

> Los prejuicios son elaboraciones de la realidad que si bien tienen la función instrumental de darle al mundo un sentido y hacerlo inteligible, actúan como frenadores para movernos creativamente por la vida y lograr objetivos que nos hagan más felices.

Veamos una lista de ejemplos y pensemos si llegamos juntos a las mismas conclusiones:

1. "Próceres eran los de antes". No vayan a creer, queridos amigos, que en épocas de nuestros próceres, con todo su patriotismo y entrega, no se cocían habas. Hemos sido convencidos de lo contrario por obra y arte de los historiadores. Hoy los *paparazzi* pueden sacar a la luz los deslices de un presidente y antes de que ocurra la noticia ya hay cien camarógrafos tratando de obtener la exclusiva. Pero si en épocas de Sarmiento y Urquiza hubiera existido la CNN, seguramente nos habríamos enterado de que nuestros héroes de bronce también tenían sus chanchullos.
2. "Antes te casabas para toda la vida". Seamos sinceros y reconozcamos de una vez por todas que las mujeres de hoy no aceptan del marido o pareja ni la milésima parte de las traiciones, engaños, falta de atención y manejo del dinero que soportaban nuestras estoicas abuelas. Quiere decir que detrás de este prejuicio se oculta la aceptación silenciosa de distintas clases de violencia sobre la mujer.
3. "Hombres eran los de antes". Románticos, caballeros, los hombres de antaño ponían a la mujer en un pedestal y le cantaban una serenata. Regresaban como Odiseo de sus batallas a los brazos de la amada, pero eran incapaces de hacer cosas tales como cambiarle los pañales al bebé, asistir a las reuniones de padres, tirarse al piso y ensuciarse las manos con témpera o angustiarse por el "puchero" de un hijo.

Seguramente muchas de ustedes atesorarán entre sus recuerdos infantiles algún desliz materno rememorando no tan afectuosamente a su querida suegra. Podríamos preguntarnos, yendo al tema que nos convoca, si nuestras madres y abuelas eran más afortunadas en este aspecto. Suegras de antaño... ¿mejores o peores?

El juego de las diferencias

Si bien el tipo de anécdotas alrededor de una suegra que las mujeres solemos contarnos llevan el sello de nuestros tiempos y hasta es posible leerlas en las secciones femeninas de las revistas de actualidad, el goce es el mismo que en la época de nuestras madres. Sigue siendo tan jugoso poder disfrutar de las comparaciones con nuestras compañeras en la adversidad, en especial porque cada una cree que la suegra que tiene es la peor del mundo. Cambiaron, claro está, los escenarios y lo que antes se comentaba en ámbitos como la iglesia, la feria o la reunión de cooperadora del colegio de los chicos, hoy se desmenuza en el shopping, el gimnasio, la oficina o la asamblea del consorcio.

No es que las suegras de antaño fueran menos competitivas, sino que la rivalidad se jugaba en detalles como a quién le salía mejor la tortilla de papa, quién tenía la casa más reluciente (todos conocemos ese famoso dicho: "limpiar hasta donde ve la suegra"), con quién los chicos comían mejor o quién se privaba de más cosas por su familia. Hoy se compite por otros valores, como por ejemplo, quién tiene la mejor figura, quién es más exitosa en el micro o macroemprendimiento, quién logró que su peluquero le hiciera el color que mejor le sienta, quién encuentra la mejor ganga o entendió más fielmente la última película de taquilla. Quiere decir, queridas amigas, que este principio de la competencia ha sido una constante a lo largo de los tiempos.

El concepto de la *"gran familia"* era muy importante en aquellos días, y aunque nadie le temía a la soledad porque la compañía de un enjambre de parientes permitía encubrir toda clase de fobias el costo emocional era muy alto. Los roles se confundían y se estaba expuesto a toda clase de influencias, sinsabores y sorpresas. En tiempos lejanos, toda la familia solía vivir en el mismo espacio, por lo que tías, abuelas, cuñadas, tías-abuelas y otros agregados ejercían el papel de controles yuxtapuestos operando sobre las nueras, quienes se sentían en permanente situación de examen y sin la menor privacidad. Hoy en día apenas si podemos tener un resumen de fin de semana sobre la vida de nuestros sobrinos, tíos y demás parientes.

¡Imaginen lo difícil que sería para nosotros poder tomar hoy la típica fotografía familiar! Los últimos tiempos, y créditos mediante, la gente ha ido independizándose de la gran familia coincidiendo con el auge del personal doméstico, la *baby sitter*, los jardines maternales, escuelas de doble jornada y hasta el *country*, que reemplazaron la necesidad imperiosa de tener a una suegra "colaborando" con nosotros. Una solución mucho más onerosa, pero con saldo positivo en salud mental.

Otra de las diferencias que cabe resaltar es que mientras antes se tenía una y la misma suegra para toda la vida (suegra "no perecedera"), hoy en día podemos disfrutar de un surtido para entretenernos comparándolas.

Tenemos que hacer la salvedad de que ahora, debido a las "buenas decisiones" de nuestros gobernantes, mucha gente emigra y, en algunos casos, al ver frustradas sus expectativas tiene que hacer una vuelta al primer hogar, situación que produce una gran movilización interna. Se recrean sinsabores ya pasados y se reactualizan sensaciones de fracaso y reproches varios. Quiere decir que estas mujeres modernas podrán entender bien lo que habrán sentido nuestras abuelas.

¿Se imaginan lo que debe haber sido tener una suegra con visa para hacer y deshacer a su gusto? En el escalafón de la vida, al llegar a la jerarquía máxima se sentirían encantadas de poder hacer sufrir activamente lo que ellas mismas habían padecido como nueras en su tierna juventud. En cambio hoy, la mujer independiente tolera menos las intromisiones de la suegra y pone en tela de juicio sus enseñanzas y "verdades absolutas". Quiere decir que en muchas cosas la historia se repite. Pero, si sirve de consuelo, tendríamos que pensar que en otros aspectos nuestra suegra es, con todo, mejor que las de antaño. ¿Nos quejaremos de llenas?

Como corolario de este capítulo, quiero transmitirles los insólitos resultados de una encuesta realizada recientemente por la Universidad de Wisconsin. Contrario a lo que se ha creído por décadas a través de bromas acerca de las suegras entrometidas, las suegras fueron descritas como maduras, dadoras, amorosas, buenas e inteligentes. Este estudio no niega la existencia de malos conceptos acerca de las suegras, pero marca una gran diferencia en lo que se pensaba de ellas... Por supuesto que como en todas las estadísticas no todos vivimos en Wisconsin, ¿y si los estadístas eran "edípicos"?

Brindemos por la conclusión: con nuestra experiencia somos menos vulnerables a nuestras suegras de lo que lo eran nuestras madres y abuelas.

> En la evolución natural de la especie suegra, aunque filogenéticamente siga siendo "la bruja que revuelve el caldero mientras piensa y piensa", quizás a través de los milenios la suegra del futuro ya no sea nuestro karma y termine siendo... una amiga entrañable... aunque suene medio imposible...

8
La figura de la suegra en la mitología griega y los textos bíblicos
Suegras de la historia
(más conocidas que la mía)

> *Shloime consulta al rabino:*
> *—¿Cuál es, según la ley judía, el castigo para la bigamia?*
> *—Tener dos suegras.*

Según Platón, la fuerza del mito estriba en el misterio. Los misterios y los mitos se expresan psicológicamente en imágenes, y éstas son las únicas que se conservan indemnes ante las explicaciones intelectuales o las deformaciones afectivas. Para Jung, un complejo arquetipal es un conjunto misterioso de imágenes representativas de fuerzas inconscientes, que aparecen y reaparecen en cada individuo de acuerdo con sus circunstancias. También se presentan en diferentes formas en la literatura, las artes plásticas, las ilusiones y las fantasías psicológicas, pero siempre tienen algo en común. A continuación veremos algunos ejemplos en los que el arquetipo de Jung sobre la suegra parece manifestarse con toda su fuerza.

El rol de la suegra en los mitos clásicos

En su juventud, Afrodita (o Venus, para los romanos) había sido una diosa muy bella que provocaba la admiración y el deseo de todos los dioses del Olimpo, quienes en secreto anhelaban casarse con ella. Hasta los más poderosos cayeron en sus redes (esto es literal, ya que ella solía fabricar una malla en bronce muy delicada parecida a una tela de araña y amarrarla a los postes de la cama). Tuvo varios hijos de distintos padres divinos (con Ares, dios de la Guerra; con Hermes, patrón de los viajeros, los atletas, los ladrones y los comerciantes y el inventor de los instrumentos musicales) y un hijo sin padre: Eros (Amor, o Cupido en su versión como bebé). La diosa del amor y la belleza también tuvo muchas relaciones afectivas con hombres mortales, como, por ejemplo, el apuesto cazador Adonis. Pero incluso esta dama de elevada autoestima, verdadera *femme fatale* del Olimpo, sucumbió a sus más bajos instintos de sentir celos de su nuera.

Según el mito, Psiquis era tan bella que los hombres la llamaban "una segunda Afrodita" y le brindaban el respeto de una diosa, lo cual terminó por ofender a la verdadera Afrodita, quien además era su suegra. Manuel Vázquez Montalbán cuenta en *Pasionaria y los siete enanitos* la historia de la bella princesa odiada por la madre de su amado Eros: "La presunta suegra no sabe cómo maltratar, e incluso deshacerse, de la bella mortal que ha osado al amor de su hijo. Busca la princesa conseguir la aquiescencia de Afrodita y utiliza el intermediario de la Costumbre, pero nada más al llegar a su presencia Afrodita la menosprecia de palabra y la entrega a la Tristeza y a la Soledad para que la atormenten. Por si le faltara algo a la desdichada Psiquis, la suegra le impone duros trabajos, como llevar un vaso lleno de agua negra que brotaba de una fuente guardada por temibles dragones o bajar a los infiernos para inducir a Perséfone a que le entregara una parte de su hermosura metida en una caja. A pesar de las advertencias de voces enigmáticas y amigas, Psiquis mueve la caja y de ella sale un vapor que la derriba y hace dormir. Pero por allí pasaba Eros fantasmagórico y llega a tiempo de salvarla y rogar a Zeus que reúna a los dioses para que se pronuncien sobre la suerte de Psiquis. Pleno consenso. Psiquis es aceptada como esposa del dios del Amor y hasta la suegra, Afrodita, tiene que bailar en la fiesta de esponsales, paso previo para que Eros y Psiquis llegaran a tener descendencia: nada menos que el dios Deleite".

En éste, como en todos los casos, para que una suegra pueda

bailar en la fiesta de esponsales el hijo tiene que neutralizar su influencia. Veremos más adelante que también el Talmud aconseja lo mismo.

Ritos, creencias y tabúes acerca de la suegra

Los bereber, en el África septentrional, ni siquiera se permiten admitir la existencia de conflictos con la suegra, mientras que otros pueblos reconocen estas dificultades y las expresan en forma de tabúes.

El estatus de suegra significa para la mujer de esta cultura haber alcanzado su objetivo vital. Estar a la cabeza de un hogar con numerosos hijos, nueras y nietos es la recompensa a la subordinación sufrida a lo largo de su vida. A partir de ese momento, la mujer-suegra se erige como representante de la autoridad masculina en el espacio femenino: es ella la que somete a una vigilancia estricta a las esposas de sus hijos, enfatizada hasta la maternidad de éstas (aquí cabe hacer un paréntesis para preguntarnos si no es esta suegra mucho peor que la nuestra).

Para algunas tribus, la salida de la novia del hogar paterno para trasladarse a la casa de los padres de su futuro cónyuge obedece a determinados ritos de origen muy antiguos, que se combinaron sin suprimirse y que la ortodoxia del Islam no ha podido desarraigar. La salida de la novia se prepara desde la mañana. El padre trae un caballo bien ensillado que servirá de montura a la joven para conducirla a la casa de su marido. A la llegada del cortejo se organiza un simulacro de rapto. Los padres de la novia rodean la carpa por todas partes armados de bastones. En cuanto empiezan a llegar los emisarios desarmados e intentan forzar la entrada de la carpa, se organiza una pelea y finalmente la joven no tiene más remedio que seguir a sus pacíficos raptores.

Una vez en la casa de su esposo es recibida por su suegra, quien le ofrece un gran bol de leche agria y una fuente de dátiles. La novia sumerge la mano en el recipiente y salpica con esta leche la crin de su montura y la carpa, mientras que los invitados cantan, bailan y disparan con sus fusiles. Es bien simbólico de lo que siente una suegra al "recibir" a su nuera.

Vemos en esta costumbre la lucha simbólica que viven todas las familias ante el desprendimiento que significa el alejamiento de sus hijos del nido paterno para construir el hogar propio. Si bien en estas tribus la mujer no tenía poder ni injerencia en el mundo del *business*, era la encargada de darle a la nuera la "bienvenida" al hogar (en ciertas culturas, el hecho de vivir con los suegros no responde a una cuestión económica sino a pautas preestablecidas). La clásica ambivalencia que siente toda suegra está expresada aquí en el hecho de entregarle algo agrio a la vez que algo dulce. Todos los sentimientos son ambivalentes, debemos ver para que lado se inclinan más.

Los casos de las tribus de las praderas de Canadá o los ayoreo del Paraguay confirman plenamente la existencia de tabúes con respecto a la suegra. En Canadá vivían los denés, familia que dio origen a numerosas tribus de las praderas (apaches, zunis, hopis). Cuando una unión reunía a dos castas diferentes el yerno se veía obligado a no mirar jamás a su suegra, lo que en la exigüidad de una cabaña no dejaba de crear complicaciones. Para los ayoreo, los indios más temidos en el Chaco paraguayo, entre yerno y suegra existía la prohibición estricta de hablarse y tratarse. El trato directo era considerado una falta de respeto grave.

Como pueden ver, en todos los confines del planeta y en todas las épocas ella ha hecho de las suyas para que ustedes puedan probar su umbral de resistencia al estrés.

Y serán un solo cuerpo

El Talmud un libro tan antiguo pero tan moderno...
Tal es el título de un libro que ofrece la visión de la Torah sobre el matrimonio. Su autor, el rabino ortodoxo Rafael Freue, toma la Biblia y el Talmud y los recrea para mostrar la gran actualidad que poseen. Estos textos sagrados desarrollan temas clave de las relaciones humanas, y sus respuestas y consejos han sido una especie de fórmula infalible desde tiempos inmemoriales. Al hablar de la relación con los suegros, dice: "Existe una obligación para el matrimonio que consiste en respetar a sus suegros respectivamente. Si se

• SUEGRAS •

busca que el *Shalom* (paz) se consolide en el hogar, se debe cuidar de no despreciarlos ni ofenderlos. Tampoco se debe inmiscuirlos en el momento de una discusión. Es normal que el hombre, por ejemplo, al ver algún punto negativo en su mujer, le diga equivocadamente: "Eres igual a tu madre". Este mal proceder daña en demasía y ocasiona disgustos aun mayores. En el hipotético caso de que fuera verdad el comentario del hombre, debe recordar que se trata de la madre de su esposa y él no tiene derecho a disminuirla frente a sus ojos. Por el contrario, el buen trato a los suegros en presencia de la pareja fortalece la unión y ayuda para alcanzar la tranquilidad. *Está comprobado que cada vez que el marido intenta alejar a su esposa de sus padres, ella se aferra aun más a ellos y se aleja del marido. En cambio, cuando el hombre los alaba y respeta, su esposa se une a él con todo su corazón.*

No es aconsejable para la pareja vivir en el mismo hogar en el que habitan los padres o suegros. Por supuesto que hay situaciones especiales, tales como enfermedades o problemas económicos, en los que la pareja se ve forzada a vivir en la casa de los padres de uno de ellos, pero se debe tratar de reducir este tiempo al mínimo posible.

Sucedió con una *Rabanit* (esposa de Rabino y/o docente), que al quedar viuda, todos sus hijos se preocupaban por llevarla a la casa de cada uno. ¿Cuál fue su mérito? El hijo mayor lo explicó: "Mi mamá nunca vino a visitar nuestro hogar con las manos vacías, sino que siempre traía algo para todos. Siempre se fijó qué era lo que cada uno necesitaba; tanto se tratara de hijos, nueras, yernos o nietos. Por eso todos la quieren. Ella siempre se preocupó por brindarnos todo lo que estaba a su alcance, sin pensar en recibir algo a cambio. Cuando la visitábamos en su casa, siempre nos regalaba algo o nos atendía con todo esmero. Por ese motivo, siempre esperábamos el momento de ir a visitarla".

Del comportamiento de esta virtuosa mujer debemos aprender cuánto deben los padres expresar amor y cariño a sus hijos, yernos y nueras. *Nunca deberán hablar Lashon Hará de ellos (hablar mal) y ocasionar dificultades al hogar de sus hijos.* Por el contrario, deberán hacer todo lo posible para que el amor y el compañerismo aumente para así recibir todas las *Berajot* (bendiciones) de la Torá.

No alcanzan las buenas intenciones de los padres, sino que se deberá analizar que lo que se dirá o hará no ocasionará consecuencias negativas, puesto que en ese caso, no hay nada que justifique la intromisión de los padres.

Analicemos algunos de los consejos que nuestros *Jajamim* (Sabios) dan al matrimonio para mantener una buena relación con sus suegros:

1) Tener igual trato con los suegros que con los padres. ¿Por qué la misma crítica es aceptada cuando proviene de los padres y en caso de provenir de los suegros da lugar a enojos y ofensas? (igual que a la inversa).
2) El concepto común de que la nuera siempre se lleva mal con la suegra es erróneo. Existen casos en donde las hijas se llevan mejor con sus suegras que con sus propias madres (depende de las madres que tengan).
3) Recordar que los suegros criaron y se esforzaron por quien es hoy nuestro marido o esposa. Ser agradecido no es sólo una buena virtud, sino una obligación elemental de la persona.
4) Recordar que en el futuro también seremos suegros. Nuestras malas actitudes de hoy como nueras o yernos quizá se repitan en contra de nosotros en el futuro.
5) Recordar que al contraer enlace se recibe la herencia de aceptar a los familiares de la pareja, aunque no nos parezcan agradables. Debemos trabajar sobre nuestras cualidades para aceptar al otro tal como es (vienen con el combo).
6) No discutir delante de los padres o suegros. Por el contrario, se debe tener un buen trato, alabándose mutuamente. En caso de peleas, no se debe hacer intervenir a los padres, salvo situaciones especiales.
7) Si los suegros intervienen continuamente en la vida de la pareja, se puede decir elegantemente: "Gracias por el consejo", o "Lo analizaremos entre nosotros" y luego resolver, sin necesidad de enfrentarlos violentamente. Se debe formar un hogar nuevo de acuerdo con la idea del matrimonio, y no se debe copiar el modelo estricto que alguno de ellos observó en sus padres.
8) Está permitido mentir por el *Shalom (paz)* del hogar. El marido

• SUEGRAS •

no deberá contar a su señora algo despectivo que hayan dicho sus padres sobre ella. La mujer procederá de la misma forma y así no se generarán discusiones vanas (se sobreentiende que se va a dar esa situación).

9) La relación con los suegros es problemática sólo para el que no sabe aceptar al otro. *La prueba verdadera de tener buena relación con los suegros es después del casamiento.* (Los pingos se ven en la cancha).

Estoy segura de que con estos consejos será posible evitar situaciones tirantes y hacer que la felicidad retorne al hogar.

Consejos para suegros

Miles de años atrás, cuando no existían los psicólogos, la gente consultaba a los rabinos, quienes a su conocimiento de los textos sagrados sumaban la práctica de ver innumerables casos de situaciones cotidianas conflictivas. El rabino sabía aconsejar el mejor camino a seguir, según la psicología del Talmud.

La concepción ortodoxa propone "honrar a los padres", pero también considera esencial tratar de conciliar este amor y respeto con los propios deseos. Veremos que, tal como creemos y recomendamos hoy en día todos los psicólogos, en tiempos antiguos también se exhortaba a las parejas a hacer sus propios contratos y negociaciones de acuerdo con sus características y evitando copiar el modelo paterno: Está escrito en *Bereshit* (Génesis) 2: "Por eso, abandona el hombre a su padre y a su madre y se une a su mujer, y serán un solo cuerpo".

> La experiencia demuestra que muchos de los problemas de las parejas fueron provocados por la intromisión de los padres en la vida de sus hijos, destruyendo así el hogar que ellos habían formado con tanto esfuerzo y sacrificio.

Muchas veces, los padres no pueden soportar la nueva situación. No pueden tolerar que sus hijos o hijas ya no se encuentren bajo su control y supervisión. Creen equivocadamente que tienen derecho a seguir manejando la vida de sus hijos y olvidan que ellos ya formaron su propio hogar. Este tipo de padres no observan los errores de sus hijos o hijas. *Siempre culpan a la otra parte*, lo que ocasiona en la pareja peleas y complicaciones de consecuencias imprevisibles...

Veamos en esta ocasión algunos consejos para los suegros que a veces, por sus intromisiones, destruyen el hogar de sus hijos:

1) Deben aprender a no inmiscuirse —salvo en casos excepcionales—, por el bien de sus hijos. Ellos tienen el derecho a formar su hogar con ideas propias, incluso con sus errores y tropiezos.
2) Recordar que no son los dueños de sus hijos y ellos no tienen por qué hacer los caprichos que los padres quieren. No deben sentir lástima por los hijos si éstos siguen a su pareja. Deberán tener presente el versículo de *Bereshit* (Génesis) 2: "Por eso, abandona el hombre a su padre y a su madre y se une a su mujer".
3) La suegra no debe sentir que su nuera le robó el cariño que su hijo sentía por ella. Debe comprender que su hijo posee dos sentimientos distintos completamente: el cariño a sus padres y el amor a su mujer.
4) Aprender a observar los defectos que sus hijos tienen y no sólo sus virtudes, para poder corregirlos en forma privada. No ver sólo lo negativo que tienen sus nueras y yernos, sino encontrar todo lo positivo que seguramente existe.
5) No visitarlos en forma excesiva. En lo posible avisar previamente. Buscar un equilibrio adecuado.
6) Alabar a las nueras y yernos delante de los hijos, para que el matrimonio se una cada vez más.
7) El cariño exagerado de los padres hacia sus hijos puede hacer fracasar el hogar que ellos formaron. Se debe actuar con prudencia e inteligencia.
8) Preocuparse por ayudarlos, de acuerdo con las posibilidades que tengan, pero no con la intención de presionarlos después por lo que les dieron.
9) Si tienen dos o más hijos casados, no hacer comparaciones ni diferencias entre ellos, porque cada hogar es un mundo distinto.
10) Si los hijos cumplen algún precepto en su nuevo hogar que en

casa de los padres no se respeta en el mismo nivel, deben estar esos padres orgullosos de ellos y alentarlos para que continúen en ese camino que les dará la felicidad verdadera.

> Lo ideal sería poder formarse desde la infancia en estos consejos de alta psicología, para evitar entrometerse en la vida de los hijos al llegar a la categoría de suegros.
> Ya ven que induce a no interferir y a mediar. *Hay obligaciones con los suegros, pero éstos deben esforzarse sumamente para ésto también.* No hay solo derechos sino que tienen muchas obligaciones de la *"alta psicología moderna"*. Negociación como diríamos...

La suegra de Terencio, un modelo de humanidad

Sabido es que no nos sería posible a nosotros descifrar e interpretar los sueños del faraón de Egipto tal como hizo José, pero podemos en cambio investigar en la dramaturgia antigua para entender la mucha o poca importancia concedida en otros tiempos a ciertos temas espinosos. Terencio Publio, dramaturgo romano nacido en Cártago en 190 antes de Cristo, es considerado precursor de la comedia de costumbres moderna. Este género se caracteriza por el predominio de aspectos humorísticos tomados de la vida social y por desenlaces generalmente felices, y nunca está ausente el análisis psicológico aplicado a los personajes. En el caso de Terencio, los temas son tratados en forma culta, la comicidad es más medida y se deja espacio para la reflexión moral. Las comedias de este autor que han llegado hasta nosotros son *Andria, La suegra, El atormentador de sí mismo, El eunuco, Formión* y *Los adelfos*.

La suegra es una obra inspirada en un original griego de Apolodoro de Caristo. Representada en el año 164, sólo logró el éxito recién en el 159, año de la muerte de su autor. En este "pequeño drama", como lo han llamado algunos críticos, se desarrolla la siguiente historia: el joven ateniense Pánfilo viola a la joven Filomena sin conocerla y le quita un anillo que luego le obsequia a su amiga la prostituta Baquis. Más tarde se casa con Filomena y, sin haber realizado la unión conyugal, debe partir por algún tiempo. Su suegra advierte que su hija Filomena está embarazada y, para ocultarlo, se la lleva consigo a su casa simulando una enfermedad.

Al regresar, Pánfilo cree que su mujer lo ha abandonado a causa de la mala influencia de su madre Sóstrata, pero ésta le anuncia que está dispuesta a marcharse con el marido y padre de Pánfilo a la granja a fin de que su presencia no estorbe a la pareja y no quede excusa para el regreso de Filomena junto a su hijo. "Déjame, por favor, sustraerme a los chismes que circulan con respecto al común de las mujeres", le dice, y le pide que haga regresar a su compañera.

Aunque parezca increíble, incluso el marido de Sóstrata acusa a su mujer de sembrar cizaña en el hogar filial: "Todas las suegras unánimemente detestan a las nueras... A mí me parece que todas han aprendido malicia en la misma escuela. Y en tal escuela, si existe alguna, tengo por muy cierto que mi mujer es la maestra".

Pánfilo descubre el embarazo y se niega a tocar a su esposa, pero el incidente del anillo descubre al verdadero progenitor del niño así como también la inocencia de esta suegra ejemplar.

Esta comedia, casi desprovista de elementos cómicos, marca sin dudas el enorme protagonismo del personaje que nos ocupa. La suegra ya desvelaba a los autores clásicos y muchas mentes suspicaces se hicieron eco de su influencia.

Suegras de la historia (más conocidas que la mía)

Yo, Claudio, la novela de Robert Graves, es la historia de la familia real de Roma, en especial del emperador Claudio, a quien los historiadores se empeñaron en destacar a pesar de todos sus defectos. Allí se comprueba que hasta en una sociedad tan machista como la romana el rol femenino era determinante y su influencia, innegable y rotunda.

El ejemplo es el de una mujer como Livia, segunda esposa de César Augusto, que al no soportar que su marido prefiriera al yerno antes que a su hijo Tiberio como sucesor del trono llega al extremo de envenenar al contrincante. Luego Augusto casa a su hija Julia con

• Suegras •

Marco Agripa, lo que enloquece a Livia y la lleva a hacer nuevamente de las suyas, esta vez envenenando al desdichado Agripa. Hecho esto, obliga a Tiberio a separarse de su esposa para casarse con Julia. Vemos hasta dónde es capaz de llegar una "suegra-vale todo" para librarse de una nuera.

Pero este Tiberio por cierto que no era ningún santo. En una oportunidad le da una golpiza a la joven, por lo que Augusto lo destierra. Ante esto, Livia jura vengarse. Primero, se alía a un amante de su nuera e hijastra para conseguir información que le permita lograr su objetivo de "escracharla" no sólo con el padre, sino también públicamente. Sin disponer de cámaras ocultas ni escuchas telefónicas (más al alcance de una suegra actual), pudo conseguir la frondosa lista de amantes de su nuera. Ante esto, a Augusto no le quedó otra opción más que desterrar a su hija y convocar a Tiberio.

Otra muestra de su poder la observamos en la forma en que logró desterrar al nieto de Augusto a favor del suyo, también mediante engaños, mentiras y otras maquinaciones. Una circunstancia más que pone al descubierto su maquiavélico deseo de reinar en las sombras y obtener la herencia la observamos al cambiar el testamento a su favor, algo que logra hacer aun sin contar con un equipo altamente calificado de juristas. A tanto llega su maldad, que hasta su propio nieto Claudio debe hacerse pasar por tonto —siguiendo el consejo de un sabio que, por lo visto, tenía grandes conocimientos de psicología— para salvarse de ser asesinado por ella.

Livia destruye, literalmente, a sus "enemigos", y no duda en hacer desaparecer a todo aquel o aquella que se interponga entre ella y sus ambiciosas metas. Los hombres de su familia no fueron otra cosa que meras herramientas de sus ideales de poder.

Todas tenemos algo de diosas

Decidí incluir este tema de las diosas porque resulta muy interesante observar cómo los distintos aspectos femeninos que existen dentro de cada mujer han sido tomados en cuenta ya desde la antigüedad.

Todas tuvimos que estudiar en la escuela a esa gran familia del Olimpo caracterizada por atributos y sentimientos bastante alejados de lo divino. Al hablar de diosas volvemos a la idea del mito en su función de evocar sentimientos y convocar temas que forman parte de la herencia colectiva de la humanidad. Las diosas (Hera, Atenea, Afrodita, Deméter) constituyen así una suerte de patrones arquetípicos o representaciones de los modos de ser y de actuar de las mujeres en distintos momentos o etapas vitales. También los patrones de relación llevan implícita la impronta de las diosas, y bien vale la pena aclarar que ciertas relaciones potencian lo mejor de nosotras mientras que otras parecen sacarnos lo peor.

La mujer se encuentra en una lucha permanente por hallar el equilibrio entre los distintos aspectos de su vida (madre, esposa, hija, profesional), porque en su interior conviven diversas diosas que ante determinadas situaciones pugnan por dominar a las demás. Existen también mandatos conscientes e inconscientes que rivalizan con nuestros impulsos y nuestros ideales. Las decisiones adoptadas en cada circunstancia son el resultado de un conjunto de "diálogos internos" en interrelación con sensaciones y miedos ocultos.

Veamos juntas algunos de estos patrones intrínsecos de comportamiento para saber si son capaces de ayudarnos a entender algunos aspectos de nuestra feminidad.

HERA, DIOSA DEL MATRIMONIO

Muchas mujeres, en alguna etapa de sus vidas, se sienten terriblemente afectadas ante la falta de una pareja. Como la Susanita de Mafalda, el arquetipo de Hera es el de una luchadora en pos del matrimonio. Su motor y motivo es tener una relación estable, y el no lograrlo hasta puede suscitar en estas mujeres sentimientos de vergüenza. Hera se hace eco de la famosa fórmula "en la dicha y en la adversidad", y es la que intenta sobrellevar a cualquier precio las inevitables dificultades de la vida porque "la pareja es lo primero".
Consejo: Lo importante es evitar caer en el aspecto negativo de nuestra Hera, que consiste en tolerar todas las infidelidades habidas y por haber (que ya existían en su época).

ATENEA, DIOSA DE LA SABIDURÍA

Entre las muchas virtudes de esta diosa se encuentra el ser nada menos que la consejera y aliada de los héroes, como por ejemplo del valiente Ulises en su viaje de regreso al hogar. ¡Cuántas veces, queridas amigas, nos sentimos tan racionales y frías como la inmortal Atenea! Son momentos en que nos volvemos creativas, extrovertidas y estables, luchadoras vibrantes y emprendedoras, mujeres que saben tener los pies en la tierra y anteponer la lógica a cualquier otra consideración. En esas situaciones en que Atenea actúa en nosotras, hasta la más sumisa puede convertirse en la clásica mujer independiente. Es que el arquetipo de esta diosa de juicio impecable y decisiones prácticas y bien concretas está obrando con toda su fuerza.

AFRODITA, DIOSA DEL AMOR
Sabido es que el reino de la amante ejerce una poderosa atracción en muchas mujeres. Afrodita se siente atractiva y sensual, se enamora con frecuencia y facilidad y posee un magnetismo personal muy poderoso. Este arquetipo rige el disfrute del amor, la belleza, la sexualidad y la sensualidad. Como fuerza con una personalidad de mujer, Afrodita puede ser tan exigente como Hera e impulsar a las mujeres a realizar las funciones creativa y procreativa. Cuántas noches, querida lectora, te has sentido plena de pasión e ímpetu amoroso como la Afrodita de Botticelli. Es que está actuando el arquetipo de esta diosa, a quien le encanta "vivir el presente".

DEMÉTER, DIOSA DE LAS COSECHAS
Siempre que nos sentimos verdaderas "madrazas" y anhelamos proteger a nuestros hijos y a los demás, es que en nosotras está presente con toda su energía el arquetipo de Deméter, diosa de las cosechas, nutridora y madre. La mujer regida por este arquetipo suele abrazar profesiones de entrega y ayuda a los otros y ser atraída por tareas tradicionalmente femeninas. Las jóvenes Deméter son las pequeñas madres que mecen muñecas bebés en sus brazos y que, en la adultez, quieren ser madres ante todo. Hasta pueden optar por tener genitores en lugar de parejas.

En cada época de nuestra vida habrá entonces un arquetipo predominante, pero la cultura y la familia influirán también en la mayor o menor identificación con ellos. En las épocas de crisis hormonales (adolescencia, embarazo, menopausia) ciertos arquetipos pueden reforzarse o adquirirse otros, porque así como a toda mujer que se precie le gusta cambiar y renovar su vestuario también ocurre un recambio en el elenco divino presente en ella.

¿Qué papel juega nuestra suegra en esta historia? La relación con ella, como toda relación humana, muchas veces reactualiza algunos arquetipos o produce un recambio de otros (por lo menos, esa será su intención). Lo importante es tratar de impedir la destrucción total de nuestro Olimpo.

No olvidemos que ella, como toda mujer, también tiene que lidiar con sus propias imágenes interiores y a veces se las ingenia para elegir lo peor de éstas. De nosotras depende poder centrarnos en las diosas que más nos favorezcan en cada momento e ir reacomodándonos y priorizando los distintos aspectos en forma personal. Cada modelo es único ya que no existen mujeres fabricadas "en serie". Un recurso fundamental para estos casos es tener siempre preparado un buen escudo (si fuera necesario, como el labrado para Aquiles, según se cuenta en *La Ilíada*) donde puedan rebotar sus intenciones, para así focalizarnos en nuestras necesidades.

¿Vieron que todas tenemos algo de diosas?

Luego de leer este capítulo, seguramente habrán podido comprobar, amigas lectoras, que no sólo ustedes han tenido que sufrir y sufren con su suegra, sino que *desde la época del rey Salomón la humanidad ha padecido la intromisión de este personaje tan particular y hasta ha dejado documentada su arrolladora influencia.*

¿Piense que modelo de diosa está predominando en usted en este momento?

Test
¿Qué nivel de influencia tiene "ella" en tu familia-pareja-hijos?

Este test está dedicado exclusivamente a tu suegra, a quien tanto le gusta el protagonismo. Es decir a todas. Con él podrás rever algunas situaciones viejas que en aquellos momentos de gran pasión y escasa experiencia no pudiste registrar debidamente. Lo bueno es que, a través del tiempo, se puede gozar de una mirada más crítica.

• Suegras •

Cuando todo ya es historia, te parece evidente lo que tendrías que haber dicho o cómo hubiera sido conveniente que reaccionaras. Pero como no se puede volver el tiempo atrás, lo mejor es comenzar riéndote un poquito de esas situaciones ya que ridiculizarlas te permitirá ver con nuevos ojos también tu forma de enfrentarlas.

Respondiendo las siguientes preguntas podrás saber qué nivel de influencia tiene "ella" en tu familia-pareja-hijos. El pasado no puede borrarse, pero sí es posible modificar actitudes sobre la base de esa experiencia.

1. Por fin llegaba el gran momento de sus vidas, la tan anhelada unión en matrimonio que sellaría el amor de ustedes. En medio de la lista interminable de preparativos estaba la búsqueda del salón donde se llevaría a cabo la fiesta:
   a) Tu suegra les propuso que, ya que ella había casado a dos hijos, los acompañaría a hacer el *"tour"* por los distintos salones. Finalmente, a pesar de que siempre prefirieron la sobriedad, terminaron haciendo la fiesta en el salón más glamoroso.
   b) Estaban a punto de concretar con uno que les pareció el más adecuado cuando tu suegra encontró otro que era "especial para ustedes".
   c) Repartió las tarjetas a sus amistades y aceptó con alegría todas sus decisiones.

2. Estaba a punto de nacer tu primer bebé:
   a) Ella estaba casi tan preparada como vos para plantificarse en la clínica durante el preparto (esto, por supuesto, en base a su vasta experiencia y acompañada de sus buenas recomendaciones).
   b) Pidió que le avisaran apenas naciera el nieto para ponerse en acción.
   c) Estaba de viaje por la India participando de las ceremonias de materialización de Sai Baba, según diría luego, "buscando una dosis de espiritualidad".

3. Estaban radiantes: ya eran una familia. Se habían ido del hogar siendo una pareja y volverían como padres. Cuando estaban prontos para irse de la clínica:

a) Llegó tu suegra portando el último modelo de filmadora que acababa de traer de Miami para filmar a su nieto, y cual acomodador de cine pero sin linterna se dispuso a conducirlos y ubicarlos en la casa de ustedes.
b) Fue al sanatorio muy emocionada para observar la salida del bebé y tanteó el terreno para definir su próximo paso.
c) Los felicitó y les aconsejó que lo ideal era que en los primeros tiempos estuvieran los tres juntos sin interferencias.

4. Era el cumpleaños número cinco de tu amado hijito. El día anterior habías hecho largas colas en el supermercado y estuviste hasta las tres de la mañana preparando los saladitos, las pizzas, la piñata y la torta de chocolinas:
a) Tu suegra llegó con la mejor de sus sonrisas cargando una torta enorme de diez kilos de Walt Disney comprada en la confitería de la cuadra de su casa.
b) Durante las dos semanas previas estuvo indagando con el nieto y luego buscando el tan ansiado tren que tu hijo quería.
c) Pasó un rato por tu casa en el horario de la animación y después dijo que se iba alegando que estaba un poco cansada.

5. Viniste emocionada porque al fin te habían efectivizado en la empresa. Ibas a ganar el doble que tu marido, pero él, lejos de sentirse desplazado, te dijo, siempre con su buena onda, que tiraras para adelante y siguieras creciendo. Cuando tu suegra se enteró:
a) Llamó por teléfono a la oficina de tu marido a primera hora con intención de "abrirle los ojos". Le dijo que seguramente en adelante desatenderías la casa y a tus hijos, y que para ningún hombre es bueno que su mujer tenga tanta ambición. Y que, en una de esas, con tantas horas afuera hasta se te daba por cambiarlo por otro.
b) Te felicitó aunque sin demasiada convicción. Dejó entrever que deseaba que tu marido encontrara pronto un trabajo mejor.
c) Dio varias opiniones acerca del tipo de trabajo al que podrías apuntar aunque ninguno relacionado con tu perfil ni tu capacitación.

• SUEGRAS •

6. Tu bebé ya se quedaba solo por más de dos horas con una *baby sitter* sin irrumpir en gran congoja. Era su primera salida solos después de varios meses y estaban dispuestos a aprovecharla:
   a) Al tanto de esto, tu suegra llamó por teléfono cuando estaban por partir y les anunció que ella ya se había encargado de reservarles las entradas para que fueran a ver la obra de teatro que a ella tanto le había gustado.
   b) Les dio una lista de recomendaciones a tener en cuenta y se ofreció gentilmente a pasar por la casa de ustedes para ver cómo andaba todo.
   c) Cuando le contaron su proyecto se enganchó con las peripecias de la última película que vio en el cine.

7. Felizmente, ya habías hecho la mudanza y estabas disfrutando de la cena de fin de año en tu nuevo departamento. Te habías cambiado tres veces el calzado porque todo el mundo se había mostrado deseoso de conocer tu nueva casa. Estabas tan entusiasmada con la nueva vida que preparaste casi todo el menú tú misma. Todavía no habían llegado a los postres y había que apurarse para el brindis de medianoche:
   a) Querías que los invitados repitieran el plato principal, pero tu suegra irrumpió en la cocina diciendo que ya todos debían estar satisfechos y preparó las copas.
   b) Entró en la cocina comentando lo bien que le habían salido a ella otras reuniones de fin de año en su casa y se remangó dispuesta a colaborar.
   c) Mostró fastidio por no encontrar dónde estaban las cosas y volvió a su lugar diciendo que en la próxima ocasión ya estaría más ducha para poder darte una mano (además, entre nosotras, lucía tacos aguja y blusa de satén).

8. Tenías que hacer un viaje relámpago de trabajo. Trataste de organizar tu casa lo mejor que pudiste:
   a) Tu suegra se instaló *part-time* en tu hogar y cambió algunos muebles de lugar, algunas pautas de horarios y el régimen de comidas.
   b) Llamaba por teléfono varias veces por día y, con toda naturalidad, daba instrucciones a la empleada doméstica (algunas,

contradictorias con las tuyas).

c) Llamaba a las diez de la noche, cuando los chicos ya estaban durmiendo, para preguntar si necesitaban algo.

9. Tu hijo adolescente llegó a casa con un nuevo *look* que incluía arito, pelo teñido de azul y tatuaje en el hombro. Te mostraste muy desencantada, harta de haberle dado tu opinión negativa sobre esto reiteradas veces:

a) Luego de observarlo detenidamente, tu suegra opinó: "La verdad es que te queda lindo", y mirando al nieto menor, de sólo doce años, agregó: "¿Y vos no tenés nada?" (si no sufrías de amnesia, te pareció que su hijo siempre recordaba que cuando era adolescente ni siquiera pudo usar el pelo tapándole la nuca).

b) Comentó: "No te queda mal, pero yo, en casa, no lo habría permitido NUNCA".

c) Dijo muy en general que a los adolescentes les gusta llamar la atención de cualquier manera.

10. Estabas a punto de divorciarte de tu marido y te sentías destruida. Habían hecho ya todos los intentos posibles de recomponer la pareja y ahora se encontraban en la etapa de ponerse de acuerdo en el tema de los bienes:

a) Tu suegra comentó: "Yo les dije de entrada que ustedes habían encarado mal su matrimonio".

b) Les sugirió que lo pensaran otro poquito y que esperaran por lo menos hasta que pasara el cumpleaños de quince de la nena. Y comentó que es difícil que una pareja sea perfecta.

c) Aludió a cierto artículo que había leído en la revista *Selecciones* donde decía que equis porcentaje de parejas norteamericanas divorciadas se habían casado en segundas nupcias.

Resultados

Mayoría de respuestas a

Tienes una suegra hecha y derecha, merecedora de su título con todas las de la ley. Le encanta el protagonismo, así como que escape de su control la menor cantidad posible de situaciones. Cuantos

• Suegras •

más elementos tenga para entrometerse, mejor. Es el típico jugador que está siempre pronto a dar vuelta el partido. Aprovecha cualquier debilidad tuya para quedar bien parada en cosas muy visibles pero que le signifiquen poco esfuerzo.

Recuerda, querida lectora, que somos animales de costumbres: si ella le toma el gustito a entrometerse, no dudará en hacerlo a toda hora (más aún si sabe que tienes bajas las defensas).

Mayoría de respuestas b

A esta categoría pertenecen las suegras promedio, lo cual no significa que sean suegras perfectas. Te ayudan un poco aunque siempre pueden pasarte facturas. Lo que tienen de bueno es que a veces se puede contar con ellas (claro, esto si estás dispuesta a escuchar que luego te den cátedra sobre todas las cosas).

Puedes bajar un poco la guardia, pero no totalmente. Lo importante es que tú y tu pareja coincidan en mantenerla a raya en determinados momentos que pueden ser críticos.

Mayoría de respuestas c

Ellas están en la suya, y si por casualidad les viene bien en ese momento entonces cumplirán el papel de suegras. Aunque no tengan influencia pueden dar opiniones negativas, pero participar activamente en las cosas importantes, ¡eso nunca!

Esta suegra tampoco es un modelo a imitar en el futuro porque le falta un poquito de "sal". Una intromisión excesiva de su parte no es beneficiosa, pero tanta indiferencia puede resultar una agresión.

Los resultados de este test dependerán de varios factores, por ejemplo, cómo esté tu pareja, tu familia y la proximidad de fechas "riesgosas" (léase: cumpleaños, aniversarios, fin de año, etc.). Quiere decir que puedes rehacerlo con resultados bastante variados.

Mi intención no es que consigas determinar el grado de "molestia" que representa el vínculo con tu suegra para deprimirte o lamentarte, sino para que aproveches el enojo y la mala sangre para pulsar el botón del cambio. ¡Adelante!

SEGUNDA PARTE
Casos y cosas de la suegra

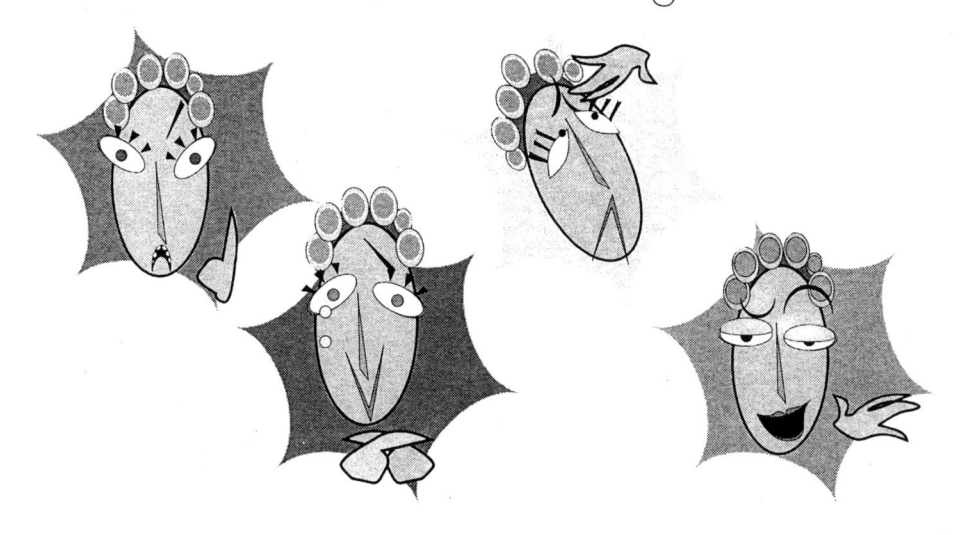

Los modelos de suegra que brindamos a continuación no son modelos puros. Muchas veces, bajo una apariencia esbelta y moderna, esa suegra tan activa que prefiere asistir a cursos y jornadas a ponerse a tejer en la mecedora lleva en un rinconcito del corazón el arquetipo de la suegra anticuada. Incluso la misma suegra puede, a lo largo de la historia de tu pareja, presentar distintas características o fases evolutivas.

Cada uno de estos tipos es como un color en una gran paleta de pintor. Podrás mezclarlos y pintar a la tuya. ¡No pierdas esta gran oportunidad!

9
Suegra con cama adentro

¡Con sólo decirle que voy a fugarme de la casa con mi mujer por culpa de mi suegra...!

Si ustedes creen que sólo existen parejas "con cama adentro", se equivocan. Aunque no suene tan lírico, también hay suegras que caen bajo esta categoría.

Sabido es que la distancia física no constituye un obstáculo para que nuestra suegra nos hostigue como si estuviera sentada cómodamente en el living de nuestra casa. Hoy, con la afortunada ayuda de Internet, ellas bajan línea tan ágilmente como lo hacen con sus *e-mails*. Einstein ya lo dijo al plantear la Teoría de la Relatividad: los doscientos mil kilómetros que para un geógrafo son reales, cuando se trata de la distancia con una suegra son inexistentes: sentiremos su aliento en la nuca como si la tuviéramos a escasos centímetros. Bien sabemos todos que su influencia no está atada al espacio físico que nos separe de ella (léase: ciudad, país, continente), sino al grado de molestia interior que nos produzca (dicho sea de paso, para nosotras la distancia con ella nunca será suficiente. Con la ambición propia del ser humano, siempre quisiéramos... un poco más).

Hablaremos de esas suegras que residen, en forma temporal o permanente, dentro de un cerco imaginario de hasta cien metros a la redonda de sus hijos y nueras. Como tienen algunas características en común, les he dedicado este capítulo.

Circo romano

En un pasado no tan remoto, lo más común era que las parejas recién casadas convivieran con los suegros, pero incluso en ese entonces había matrimonios que preferían alquilar con gran esfuerzo aunque fuera una pocilga a tener que vérselas diariamente con tan divina presencia. También existían suegros visionarios, que por obra y gracia del ahorro y el sacrificio adquirían un terreno dentro del cerco de los cien metros antedicho descontando que sus hijos, cuando en el futuro decidieran armar su propia familia, aceptarían gustosamente esta "sugerencia" (léase: imposición). ¿Y quién no conoce a una de esas suegras-embajadores que dedican su vida a circular por las casas de los hijos, un mes con éste, un mes con el otro? Por suerte (si no es nuestro compañero), siempre hay un hermano que cuenta con más tiempo, más dinero, menor cantidad de hijos —todo en el plano de la relatividad—, o simplemente tiene el "sí" fácil y asume el mayor compromiso con ella. La pregunta del millón es si teniendo a nuestra suegra dentro del cerco de los cien metros estamos peor que aquellas afortunadas que la tienen a años luz de sus hogares. Veamos un caso interesante y saquemos juntos las conclusiones.

Infierno en la torre

Cuando Clara y Francisco pensaron en casarse decidieron ir a vivir al campo. Él era veterinario y siempre había dicho que no quería terminar "poniéndoles el termómetro en el culo a los perros". Soñaba con algo mejor. A pesar de que la madre de Francisco tenía un departamento debajo de su casa y otro en el piso superior para los hijos, ella creía que mantenerse fuera de la órbita de aquella suegra que la quería "como a una hija" la inmunizaría por completo de su tenaz influencia.

Antes de la boda, Francisco se instaló solo en Tres Arroyos porque opinaba que a la fiesta quería ir "como invitado". Vale decir que dejó todos los preparativos y a la misma Clara en manos de su madre, una clásica suegra prepotente con mucho carácter y aires de

• SUEGRAS •

ingenuidad, a quien todos llamaban "la *Grandmother*". El suegro, como si hubiese leído nuestro capítulo dedicado a ellos, cuando lo miraban fijo ante un comentario de su esposa que se pasaba de la raya solía decir: "Yo, príncipe consorte: un paso atrás y a la izquierda".

La primera crisis se presentó en ocasión de elegir el destino para la luna de miel. Clara quería que hicieran un safari. Estaba segura de que a su futuro esposo le encantaría. Para la suegra era totalmente alocado, un safari no estaba en su idea de una luna de miel de categoría, pero acompañó a Clara a todas las agencias calladamente y con una sonrisa, escuchó todos los relatos sin opinar y la dejó decidir y hacer las reservas. A los dos días la invitó a cenar (Francisco estaba en el campo) junto a Inés, la hermana de Francisco, y su novio Richard, quienes también se casaban ese mes pero un día distinto. Al sentarse a la mesa Clara descubrió con la mirada embobada que, ¡oh sorpresa!, la suegra había puesto debajo del plato de su futura cuñada los *bauchers* con la misma fecha y destino que ellos. Dicho sea de paso, Inés y Richard no eran para ella la compañía que hubiese deseado para su luna de miel en el caso improbable de haber deseado alguna.

La noche anterior Clara había estado charlando por teléfono con Francisco de lo bien que la pasarían, así que volvió a llamarlo esa noche para relatarle paso a paso la jugada de la madre, ante lo cual él sólo atinó a opinar que desde el campo no podía resolver nada. Esa fue la primera alerta roja, aunque nadie la registró en su momento. Conclusión: nueva fecha de casamiento, con lo cual Clara y Francisco tuvieron menor ayuda económica y una fiesta más pequeña.

En este punto conviene recordar otro de los pensamientos de Einstein cuando aseguraba que "Dios no juega a los dados", queriendo aludir con esto a que nada en el mundo ocurre por azar. De la misma forma, queridas amigas, toda actitud y conducta de nuestra suegra, por más casual que pueda parecernos de momento, responde también a un objetivo fríamente calculado.

Volvamos a la historia de Clara. Con el tiempo, Francisco instaló un moderno establecimiento para el engorde de ganado. Pero —no del todo seguro de haber hecho mal las cosas— su proyecto fracasó. También adquirió varias hectáreas de tierra supuestamente para el cultivo, la mitad de las cuales resultó que eran inundables y el resto estaba afectado por la desertificación, y más tarde se asoció a un vecino que sólo le dio dolores de cabeza. Quiere decir que Francisco hizo todas aquellas cosas que suele hacer un hombre "sin querer" y que lo obligan a volver a cobijarse bajo las alas protectoras de su madre. A partir de ahora iba a comentar con frecuencia: "Gracias a ella tenemos techo" o "¿Dónde viviríamos si no fuera por mamá?" No tenían que pagar la hipoteca, pero se habían hipotecado la vida. No nos olvidemos que las deudas a los padres son impagables.

Toda la familia residía en un edificio de tres pisos en el barrio de Belgrano: en el superior Inés y Richard, en el segundo la suegra y el suegro, y en planta baja Clara y Francisco. Si imaginamos por un momento el esquema de la situación, habría que decir que a Clara toda su familia política estaba por entonces literalmente pisándole la cabeza. La única cuñada a la que la unía un lazo de amistad había preferido irse al Uruguay a vivir de la artesanía. Dicho sea de paso zafó de los problemas de ésta libre familia. Como ustedes podrán imaginar, este cerco en propiedad horizontal terminará en una separación.

A pesar de que delante de ella la suegra siempre opinaba bien de Clara, el hachazo venía por la espalda. Por ejemplo, en las conversaciones a solas la estimulaba a no trabajar tantas horas para tener tiempo para sí misma (justificaciones podía darle varias: "La vida es una sola", "Hay que tratar de quererse y darse los gustos"). Pero cuando hablaba con el hijo, le deslizaba comentarios sobre lo poco que Clara hacía frente a las necesidades de la familia. Si estaban cortos de plata, ella los invitaba a comer un banquete de manjares. Además, tenía la costumbre de hacer diferencias muy marcadas. Por ejemplo, para los cumpleaños de Francisco o de los chicos les daba un sobrecito con cien dólares, y cuando era el cumpleaños de Clara le regalaba ropa tan pero tan linda, que siempre terminaba en el fondo del placard. Ante esto, Francisco comentaba: "A vos te eligen algo". El suegro Horacio, haciendo honor a nuestra desocupación de suegros tenía una frase que ejemplificaba todo: "Yo príncipe cosorte, un paso atrás y a la izquierda". Siempre mudo a un costado y salía relajado.

• SUEGRAS •

Además de la gran propiedad de tres plantas, la *Grandmother* tenía una casa quinta donde los fines de semana se reunía toda la familia, ocasiones que Clara trataba de eludir siempre que podía. Para evitar el lavado de platos se organizaban almuerzos y meriendas donde abundaban los sandwiches, que debían ser preparados en una ceremonia previa interminable. En esos momentos, prácticamente había que sacar turno para hablar con la *Grandmother*, algo que a Clara le resultaba irritante. Hubiera preferido lavar una pila de platos a tener que estar cinco horas frente a su suegra y sus cuñadas al mejor estilo *Dagwood* y esquivando indirectas.

La gota que rebalsó el vaso y que la llevó a querer separarse fue encontrar entre las cosas de su marido un par de guantes de golf que tenían uso. Clara empezó a pensar en las actividades de él de fin de semana en las horas en que ella trabajaba, fue atando cabos y así descubrió que sus suegros invitaban al hijo a jugar golf con ellos al *country* con bastante frecuencia, deporte que no estaba a la altura de Clara, que era hija de inmigrantes italianos del sur, o "ignorantes sin dinero", como decía siempre su suegra refiriéndose a... otras personas.

Luego de la separación, Clara vino a mi consultorio con la idea de comenzar una terapia. Francisco era un padre excelente y muy afectuoso, y ella sentía que todavía lo quería. Aunque él era renuente a la terapia (su madre decía que era para los locos) y le ocurría lo que a todos los hombres de su familia, que nunca veían ni escuchaban nada, poco a poco fue dándose cuenta de que su mujer hacía cambios positivos y finalmente aceptó sumarse.

Al principio, no veía relación entre su ineficacia en los negocios y su dependencia familiar ni comprendía el malestar de Clara. Pero después entendió lo mucho que le costaba a él tomar compromisos y decisiones, y recordó que siempre había dejado a su mujer en la línea de fuego de su madre. Tuvieron que pasar por la separación para que él pudiera hacer ese clic y dejara de sentir el peso de la deuda con sus padres. Con el tiempo llegaron a la conclusión de que valía la pena mudarse a un lugar propio, aunque materialmente les resultara más costoso. Francisco pudo "saltar el cerco" primero desde lo emocional y luego desde lo objetivable.

Ampliando un poco los consejos de Einstein, digamos que es

muy importante poder salir de la órbita de nuestra suegra (en especial si ella no es un sol) y tratar de manejar su radiación. El sol nos da energía, vitalidad, plenitud, mientras que girar eternamente alrededor de nuestra suegra nos desvitaliza, nos desenergiza y termina eclipsándonos. Por eso tenemos que cambiar esta tendencia enquistante y obsesiva, y convertir la energía negativa (el enojo, el malestar y la intranquilidad) en energía vital (cambios, alegría, proyectos).

> Modificando un poco la famosa fórmula de la relatividad, tendríamos que corregir nuestra **velocidad** para darnos cuenta de lo que ella nos transmite y poder anticipar la **energía** de las ondas expansivas de sus mensajes. Mirar por fuera del cerco, pero sintiendo que ese cerco tiene salida no sólo al exterior sino también hacia adentro de nosotros. Está en nosotros permitir que se convierta en un muro de Berlín o ir desdibujándolo hasta hacerlo desaparecer completamente.

Nota para las mamás: ¿Sabían ustedes que con su aire intelectual y sus pelos parados, Einstein era un alumno desatento y mediocre, de bajo desempeño, que estaba siempre en la luna? Así que la próxima vez que las citen en el colegio para marcarles el bajo rendimiento escolar de su hijo, piensen que podrían estar teniendo en casa a un verdadero genio.

10
La ex

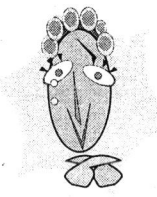

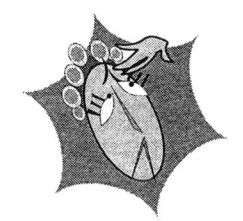

¿Seremos las mujeres tan ingenuas de pensar y sentir que una vez que al fin nos hemos liberado de los sinsabores del matrimonio también la borraríamos a "ella" de un plumazo? Quizás en algunos afortunados casos ése sea el beneficio secundario de un divorcio, pero para la mayoría de los mortales desgraciadamente no lo es. Hijos mediante, una suegra seguirá obrando como tal. Continuará deslizándole indirectas y comentarios sobre ti a tu ex marido (que no es su ex hijo) y a tus hijos (que no son sus ex nietos) y estos comentarios, tarde o temprano, darán en el blanco. No llegarán tan puros como el mensaje original porque se trata de un canal de comunicación indirecto y furtivo, pero igualmente terminarán jorobándote la vida.

Sin embargo, siempre hay una luz de esperanza. Una separación puede gratificarte con algunos beneficios y enseñanzas:

- No dejarás de recibir información sobre las macanas que hace tu ex suegra.
- Alternarás por otro ese rostro que te perseguía todo el tiempo.
- Ella tendrá una nueva víctima para focalizar sus aspiraciones para el hijo y se olvidará de ti.
- Te divertirá comprobar cómo la nueva se equivoca en todo (como te pasaba antes a ti).
- Él descubrirá que no ha regresado al Paraíso original.
- Se dará cuenta de que todos sus fracasos no son obra y gracia de tu intervención.
- Y además, continuará teniendo problemas con su madre sin tu ayuda.

Lo más sorprendente es que, cuando dejas de ser su nuera, al verla ya liberada de la investidura hasta podrá parecerte un ser humano con virtudes y defectos como cualquiera. Y con vestigios de sensibilidad y consideración.

Hoy en día se da mucho la figura de "Auditora", de la ex-suegra.

En la empresa moderna en donde están repartidos los roles, aún cuando hay hijos de nuevo marido o pareja es necesario un *auditor externo* (representante de nuestro ex, para "auditar" y fiscalizar cómo se administran los fondos mandados por el capitalista (es decir el ex).

Las suegras modernas aprovechan "para hacer el trabajo" cuando vienen a visitar a sus bien amados nietos. Tienen que aprovechar como quien no quiere la cosa para "supervisar" y pasar el informe a su hijo.

La señora de los anillos

Como ustedes sabrán, queridas amigas, no es necesario divorciarse del hijo con todos los papeles en regla para que se desate la metamorfosis de una suegra, sino que muchas veces los cambios se hacen visibles en lo mejor de la relación, por ejemplo, ante la llegada de los hijos. Pero una separación puede obrar verdaderos milagros.

El grado de transmutación de una suegra después de la ruptura dependerá de distintas variables, como la velocidad con que nuestro ex encuentre una nueva víctima, la cantidad de hijos separados que tenga ella, la cantidad de horas reloj ocupadas en actividades propias, el tiempo que comparta con nuestro ex y/o todas estas variables juntas. Pero hay cambios para los que nadie está preparado. Por ejemplo, para que después de divorciarte, la peor suegra del mundo quiera convertirse en tu mejor aliada. Puedes transformarte de diablo a ángel mágicamente.

Laura vino a la consulta muy angustiada diciendo que todos los hombres están cortados por la misma tijera. "Al final, todos terminan siendo pegotes de la madre". Por supuesto que ella sabía bien que a ningún matrimonio lo destroza un tercero, aunque en este caso la tercera en discordia no era una mujer cualquiera, sino una supersuegra.

• SUEGRAS •

Hacía exactamente un año que Laura se había separado de Marcelo "por culpa de esa mujer". Durante ese tiempo, ambos habían comenzado a salir con otras personas. Sentían la necesidad de tener una nueva pareja ya que los últimos dos años de sus vidas habían sido bastante conflictivos. Pero a Laura le pasaba lo siguiente: cada vez que el nuevo candidato le mencionaba a su madre ella saltaba como leche hervida. Fue lo que le ocurrió con Patricio, con quien todo marchaba sobre ruedas hasta que él le comentó que su pobre madre había luchado mucho para que él pudiera estudiar Arquitectura, esa carrera tan cara. Por más que Patricio le dijera palabras cariñosas y románticas, todo el amor y la ilusión de Laura se esfumaban de repente al escucharla nombrar.

Marcelo, el ex, no había perdido el tiempo, sino que a poco de separarse se había unido a una persona en su misma situación y con dos hijos chicos. Lo que colmó la paciencia de Laura y la decidió a acudir a terapia fue que la ex suegra empezara a llamarla por teléfono para recordarle lo afectuosa y responsable que era ella con los chicos, cómo recibía a su "hijito" con la comida caliente y otras bondades que nunca antes pareció notar. "En cambio ahora tiene una que lo hace hacerse cargo de sus hijos y además es adicta al *delivery.* No lo atiende nada bien. NO COMO VOS..."

Si Laura no recordaba mal (¿tan loca estaría?) le parecía haber escuchado la misma crítica muchas veces en el pasado, pero referida a ella. El eco de los reproches de su suegra todavía resonaba en su cabeza. ¡Cuántas veces, durante los últimos años, llegaba y le ponía cara de odio por cualquier cosa!

En la terapia, al preguntarle cómo había sido su pareja en los comienzos, recordó una frase de su suegra que la movilizó mucho: "Más vale que te lleves bien conmigo porque si no vas a perder a mi hijo". Claro que en medio de los arrumacos de Marcelo y entremezclada con poesías de Benedetti, ramos de jazmines y promesas de un pronto casamiento, Laura no le había dado a esta advertencia la importancia que tenía. Su suegra había sido poco menos que un monstruo, pero ahora pretendía ser la amiga cómplice que busca compartir las desventuras de su desdichado hijo al lado de una "ventajera".

En realidad, esta nueva nuera trabajaba todo el día, destinaba al pozo común todo el dinero que ganaba, se hacía cargo de los hijos de él, estaba atenta a todo y, además, los cuatro se habían ido a vivir a su departamento, mientras que Marcelo trabajaba como siempre entre cuatro y cinco horas diarias. Ahora que la separación estaba consumada, la ex suegra le repetía a Laura: "Con vos estaba bárbaro". Un caso de transmutación total de una suegra, mejor conocido como "suegra-mutante".

Charlando con su ex

Voy a contarles el caso de una nuera con la que cualquier suegra podría hacerse un festín.

Florencia estaba separada y tenía un hijo. Trabajaba en un banco en el cargo más bajo del escalafón, en un pueblo de la provincia de Buenos Aires, y este magro sueldo no le permitía cubrir todos sus gastos deseados además del alquiler y el colegio del chico. Hasta que encontró a su príncipe azul, un contador de varias empresas separado y con tres hijos.

Como Florencia había tenido que dejar su abnegado trabajo, la indemnización emocional de su contador fue comprar un regio departamento del cual ella no tenía idea ni siquiera de cuánto pagaba de expensas. Por supuesto que Florencia necesitaba unos meses para adaptarse a la capital y superar el desarraigo (como los senadores y los diputados) y luego devino la hecatombe en el país, por lo que, una vez en feliz convivencia, nunca más volvió a buscar empleo. Elevó su nivel de vida a pesar de la crisis y lejos estaba de preocuparse por hipotecas o deudas. Se la veía rozagante, realizada y sin apuro.

La suegra de Florencia sentía lo que cualquiera de nosotros sentiría en su sano juicio: a pesar de que su ex nuera no había sido su mayor devoción, en el fondo no dejaba de inspirarle en el fondo cierto cariño y reconocimiento, ya que la veía trabajar en su profesión, capacitarse constantemente, sortear los obstáculos y las pruebas que nos ofrece nuestro bendito país y hacerse cargo de los hijos. Era verdad que recibía de su ex marido en forma periódica la cuota alimentaria, pero no era tan abultada como para llegar a cubrir lo que el contador gastaba en el hijo de Florencia. Él se hacía cargo del colegio privado de los cuatro, pero el hijo de su nueva pareja era mucho más caro.

No siempre los cambios que hacen los hombres son los más acertados y/o beneficiosos para su elevación espiritual, incluso cuando ellos sientan exactamente lo contrario. Muchas veces, la nueva pareja no responde en nada al perfil que una madre desearía para su hijo. En esas circunstancias, hay suegras que se sienten aliadas de la ex nuera al pensar que tienen "una enemiga en común".

Ya nos tocará también a nosotras vérnoslas con las ex de nuestros hijos, así que lo mejor es aprender desde ahora la lección: no intentemos reabrir capítulos de la vida de un hijo si él ya ha dado vuelta la página. Evitaremos así muchos conflictos.

Rotas cadenas

Recuerda que tu ex suegra no es ni la ex madre del que fue tu pareja ni la ex abuela de tus hijos. Ella siempre tratará de intervenir y, si es su estilo, lo logrará tarde o temprano. Quiere decir que un divorcio significará apenas una semiliberación, una especie de libertad condicional. Casi como ocurre con tu madre, te une a ella un cordón umbilical más o menos delgado, pero que jamás se cortará cuando hay hijos de medio.

Usando los sabios refranes que vienen de nuestras abuelas, podríamos decir que así como el zorro pierde el pelo pero no las mañas y la víbora cambia la piel sin dejar de enroscarse, muy en el fondo, y a pesar de las apariencias, después de la separación una suegra continuará siendo una suegra. Mal que te pese, esta carga de una parte de tu historia en común seguirá siendo ineludible.

Pero no es para desanimarse, ya que al menos su participación en tu actual argumento de vida no es indispensable. ¡Sean eternos los laureles conseguidos!

11
Una trampa mortal: las "cómplices" de las nueras

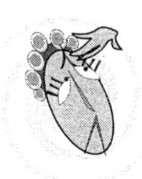

En una confitería céntrica se encuentran Silvana y su suegra Luisa. Después del almuerzo van a ir a comprar el regalo de Gastón, que terminó el secundario. La suegra le pidió a Silvana que la acompañara porque confía en el buen criterio de su nuera y en que ésta conoce mejor el gusto de su nieto.

Si observamos la escena como meros espectadores, podrá parecernos un encuentro más en nuestra linda Capital entre amigas íntimas que coinciden en un tema. Pero nosotros sabemos que este encuentro se desarrolla entre dos personas que no sólo tienen historias en común, sino que también comparten piezas del mismo ajedrez.

Bajo un humeante plato de *panaché* de verduras, Luisa comenta:

—La verdad, querida, es que el tratamiento te hizo muy bien. ¡Estás regia!

—Fui al lugar que me recomendaste. La fangoterapia me cambió la vida.

—Qué bueno que pudiste hacerte tiempo. Yo tengo que apurarme entre las seis y las siete de la tarde, porque Héctor no quiere saber que gasto plata en esas cosas.

—Igual, él hasta las ocho de la noche no llega —comenta Silvana refiriéndose a su suegro.

—Sí —contesta Luisa—, pero cuando no le dan las cuentas me audita. —Y añade: —Menos mal que tu maridito no se queja tanto como el mío.

—Bueno, en realidad te confieso que yo también tengo que mentirle un poquito en la cantidad de sesiones...

Pasado un rato de charla cordial, la suma de varias de estas confesiones le proporcionará a Luisa mucha información acerca del hijo. Y si no, veamos cómo va "desatándose" la confianza:

—A los hombres no hay que decirles toda la verdad. Siempre hay que dejarse algo en el tintero —declama Luisa como si fuera Lía Salgado en pleno *talk-show*.

—Bueno, no siempre. Compartir es lindo —Silvana disiente mínimamente, pero la suegra se empeña:

—Vas a ver que con el tiempo vas a cambiar de opinión. Con un marido siempre hay que guardarse algo.

Y sin saber cómo, Silvana se escucha de pronto confesándole a la suegra algo que no le había contado ni a su propia madre:

—La verdad es que cuando compré el juego de living le dije a Martín que había costado la mitad. ¡Me gustaba tanto!

Este tipo de pesquisas orientadas a obtener información pueden tener distintos objetivos:

-La más sana y pura curiosidad de una madre por conocer detalles de la vida de su hijo. Se incluye en esta categoría el tener tema de conversación en un té canasta con amigas.

-Corroborar cosas que ella intuía para compartirlas luego con su amado marido (tu suegro).

-Ser usadas en contra de la nuera cuando hable a solas con el hijo.

-Y/o todas estas posibilidades juntas (no son excluyentes).

Silvana no podía enojarse con su suegra ya que no había recibido de ella ninguna clase de agresión en ningún momento. Todo lo contrario, muy astutamente Luisa había ido preparando el terreno y haciendo que su nuera se sintiera identificada con ella. De ahí a obtener la información que necesitaba fue como quitarle un dulce a un niño.

Poco a poco y como en estado de hipnosis, sin que las nueras se den cuenta terminan pisando el palito. No es que sean tontas sino que la suegra, como mujer, conoce bien los temas que a una mujer le preocupan o le interesa ocultar. Al comenzar a hablar de sí misma, es como si diera un permiso implícito.

Este estado de inconsciencia también puede ser inducido por

medio de gestos o miradas cómplices. Imagínense que en la misma confitería un hombre maduro, con aires de deportista y recién salido de la cama solar entrecruce la mirada con la de Luisa. Será una clara invitación que la suegra le hace a Silvana para que asocie sin culpas y le hable de aquel abogado nuevo de la financiera donde trabaja, que es tan simpático y que la invitó a tomar un café.

Pero no crean, queridas amigas, que una se sienta a la mesa y ahí ocurre todo. No. Es algo que va *in crescendo*, una verdadera curva ascendente y progresiva, que no mide el comportamiento de las acciones sino la progresión del chisme.

Cómo desarmar la trampa

Controladoras, rígidas y obsesivas, estas suegras nunca muestran sus reales intenciones, por lo que es más difícil llegar al enfrentamiento abierto. Sin embargo, existen claras señales de alarma (además de nuestra aguda intuición, que a veces falla bajo el efecto del encantamiento) y son por ejemplo comienzos como los siguientes:
- "Yo, cuando quiero que mi marido no se entere..."
- "Mi estrategia es..."
- "A los maridos..."
- "El trabajo no debe ocupar..."
- "A veces, los hijos..."
- "No sabés lo que me hizo Fulano..."
- "Sabés que mi profesor de tenis..."

Son como la carnada del pescador e indefectiblemente preceden a la más inconfesable confesión. Por eso digo que es necesario agudizar la intuición hasta que sobrepase la necesidad amistosa.

Aquí conviene hacer una aclaración: estas escenas no solamente se dan con las suegras; en muchos casos, pueden darse también CON LA PROPIA MADRE, quien querrá lograr el mismo objetivo de complicidad pero en contra de su marido. Por alguna razón, muchas madres sienten que la amistad con sus hijas es directamente proporcional a la salud de su propia pareja.

Conocer los secretos más recónditos de una nuera es la mayor tentación de toda suegra, pero no hay que rendirse. Cuando en el futuro seas suegra, o si ya lo eres, siempre conviene que cuentes hasta diez antes de saciar tu curiosidad. Y si has tenido la suerte de obtener por casualidad esa información tan valiosa lo mejor será que te reprimas en lugar de usarla en su contra (esto, claro está, siempre y cuando no se trate de una verdadera bomba que en cualquier momento podría detonar); también, queridas lectoras, hay algunas nueras que dan para hacer un festín a cualquier maravillosa suegra.

También que las hay, las hay: "y se hará justicia".

12
Las que son... difíciles de igualar

Seguramente muchas de ustedes, en la infancia, se habrán visto en la obligación de responder la pregunta que les hacían todos los adultos cercanos, desde esa tía con bigotes a la vecina de enfrente: "¿A quién querés más, a tu mamá o a tu papá?", "¿a tu hermanita o a tu hermanito?", "¿a tu abuela Raquel o a tu abuela Rebeca?". ¡Qué brete! ¡Trágame tierra! Y seguramente todas habrán estado tentadas de responder con otra pregunta: "¿Y ustedes?".

Siempre hay alguien que se encarga de que le demos importancia a la valoración externa. Y al no haber un criterio objetivo para saber quién es mejor para quién, cada uno se empeña en imponer el propio. Espero poder ilustrarles esto con la escena siguiente.

Una abuela en apuros

Los nietos le habían encargado por teléfono que les preparara para la cena ese exquisito plato que SÓLO ELLA SABE HACER. A Paula tenía que pasar a buscarla por la casa y a Juan Manuel, por la casa del amiguito del cumpleaños. Los padres sólo habían tenido que lidiar para conseguir las entradas del cine.

Por estos días, Paula está preparando el examen de ingreso al secundario, en Lengua e Historia (sobre todo la última, que le cuesta más), y Juan Manuel tiene que levantar la nota de Matemáticas para no bajar el promedio. Como todos los adolescentes, el domingo a la tarde se acordaron de que tenían tarea.

Pero esta abuela está acostumbrada. Ella es la encargada de mantener el boletín de los chicos en el nivel óptimo. Profesora de varias escuelas y a punto de finalizar una investigación pedagógica para un libro, todas las mañanas recoge a los nietos impecablemente vestida para llevarlos al colegio, y luego del recorrido se dirige al suyo mientras programa mentalmente su día. Ahora entran con ritmo acelerado dejando todo tirado a su paso.

—¡Nadie podría estudiar en medio de este desorden! —se enoja la abuela.

—Juan Manuel es el que deja todo tirado —dice Paula, a lo que la abuela responde:

—Menos mal que vos sos ordenada. Como la abuela.

—¿Qué tiene de malo? —pregunta Juan Manuel haciendo un gesto de despreocupación— ¡Podríamos hacer una montaaaaña de cosas!

—Va a parecer una casa de locos —dice la abuela.

Antes de responder, el chico tiene un *flash* de imágenes de la casa de su otra abuela que le provocan un sentimiento afectuoso. Ahí sí que todo está patas para arriba y las cosas permanecen *in eternum* en el mismo lugar porque no hay mano humana que se ocupe de ordenarlas.

—¡Qué plomo! —dice ahora Juan Manuel— Un poquito de lío no le hace mal a nadie.

—¡Eso acá no lo aprendiste...! —exclama la abuela muy segura. Más conciliadora, Paula interviene:

—Bueno, por qué no empezamos. Mirá que después quiero ver tele...

—A esta casa vinieron a es-tu-diar —aclara seria la abuela—. ¿Qué van a decir sus padres si no se sacan una nota como la gente?

—Bueno, abu, con vos aprendemos rápido.

Y Juan Manuel:

—Mirá, ya me hice todos los ejercicios que me mandaste.

La abuela, sin poder disfrazar su orgullo:

—¡Te felicito! Vos sí que sos un Goldstein.

—¿Y yo, abu? —pregunta Paula, sin levantar la vista del cuaderno.

—Vos también sos una Goldstein. Espero que sigan así.

—¿Y los Goldman no son buenos? —insiste Paula, un poco intrigada.

—Sí, claro que sí... —resta importancia la abuela dándose cuen-

• Suegras •

ta de que esta conversación ha tomado demasiada profundidad, pero denotando que podría acotar más.

—Ojo, que menos de un nueve no me pueden traer. Si no, no hay *brownies*.

—¡Ay, abu, comí el otro día en lo de Champi, que es lo más, pero no eran tan ricos como los tuyos!

Nos encontramos ante una verdadera **abuela-multifunción**, envidia y a la vez referente de todas las otras abuelas. *Es decir,* **una suegra... difícil de igualar.** En casos como éstos, pueden darse dos situaciones:

1) Que la nuera sea un poco haragana, tenga escasas luces y pilas y quiera aprovecharse de la situación ahorrando dinero en restaurantes, *baby-sitters* y profesores particulares.
2) Que la nuera le tenga estima a esta suegra-perfección, pero sienta al mismo tiempo que ella jamás podrá comparársele. En especial cuando la destreza de la suegra se comprueba en varias áreas. Si sólo se destaca en una sola actividad, la nuera podrá desarrollarse en otra u otras completamente distintas (esto no significa que sus elecciones deban tenerla a ella como referente). Si por ejemplo la suegra es jueza de la nación la nuera podrá destacarse como profesora de *bricolage,* si es buena gastrónoma podrá iniciar un doctorado en Antropología, si es fanática del Feng-Shui podrá consagrarse a la Economía Política. De esta forma, serán más afortunadas que aquellas nueras que traten de sobresalir en lo mismo que la suegra. A ellas les digo que no gasten sus energías; aunque practiquen todo el día, nunca nunca podrán llegarles ni a los talones.

En general, estas suegras producen en las nueras sentimientos encontrados de admiración y envidia, y el vínculo con ellas dependerá de cómo sea la relación de la nuera con su propia madre. Madres egoístas, poco colaboradoras, depresivas o criadas con muchos miedos podrán suscitar en la hija sentimientos de apego a esta suegra "todo-terreno". La comparación siempre estará presente. Incluso algunas nueras tratan de emularlas a toda costa, esforzándose mucho en el intento.

No todo lo que reluce es oro

Hay algunas suegras que han ampliado este sentido de perfección a toda su prole, política y no política. Como ellas son maravillosas y todos los seres que "crearon" están hechos a su imagen y semejanza, la vida del hijo (o hija) y de la nuera (o yerno) y sus elecciones serán tan maravillosas como ellas.

Sin embargo, hay que tener en cuenta que muchas veces esta perfección es la contracara de una gran autoexigencia. Como se trata de personas que todo lo hacen bien, si algo desarmoniza o escapa de su control pueden sufrir a solas una depresión, o caer en la angustia si no ven cumplidos todos sus objetivos. Se puede aparentar ser fuerte como el roble, pero debajo de esta coraza de omnipotencia puede ocultarse un ser que anhela sentirse valorado. Incluso hay quienes exprimen a estas superabuelas en la etapa en que los hijos son chicos o adolescentes y después las descartan.

Estas suegras sobreprotectoras que encuentran tiempo para todo suelen ser generadoras de culpa, porque destacan la deuda que los otros tienen con ellas en virtud de sus favores. Y durante toda su existencia se encargarán de hacerles sentir a sus hijos que ellas son, realmente, difíciles de igualar, algo de lo que ellos, por supuesto, jamás se atreverán a dudar.

Pero hay algunas que sólo lo son para el anecdotario familiar, ese conjunto de relatos y leyendas imposibles de corroborar, que —aumentados y corregidos y exacerbados a través del tiempo— suenan maravillosos para un buen interlocutor como el hijo. Como en el cuento del traje del emperador, sus buenas intenciones y cualidades solamente él las verá, y a veces también el marido. En estos casos, es indudable que la perfección está dentro de la visión deformada de ellos, porque objetivamente estas suegras, de maravillosas, no suelen tener nada. En general son cómodas, calculadoras, dependientes e hicieron por sus hijos y nietos lo mínimo esperable.

Por supuesto que cuando las interlocutoras somos nosotras es

• Suegras •

más difícil que nos engañen, ya que podemos ver perfectamente que eso tan maravilloso que ha hecho nuestra suegra lo ha hecho también, y con creces, nuestra madre, cuya obra permanece en el anonimato porque se abstiene de hacerte llevar registro diario y público de sus buenas acciones.

De las suegras perfectas que hacen todo por nosotras también tenemos saldo en rojo, pero al menos gozamos de los beneficios.

13
Relaciones peligrosas Arde Troya: la empresa familiar

Desde abrir un local hasta conformar sociedades, los asuntos de dinero nunca han sido fáciles de manejar cuando involucran a parientes. A la hora de formar una sociedad comercial, establecer un negocio o iniciar un microemprendimiento, muchas personas, inocentemente, eligen como socios a hermanos, suegros, primos, cuñados y otras yerbas.

La razón principal de esta preferencia es el vínculo de confianza que existe entre los miembros de la familia: simplemente, se considera más seguro hacer negocios con un pariente que con un extraño. Sin embargo, como en este tipo de operaciones tiende a mezclarse el afecto con el vil metal, las cosas no siempre resultan de la manera deseada.

En toda sociedad en general, cuando uno elige un socio busca ciertas condiciones de igualdad e ideas compartidas. Esto no se produce en las sociedades familiares, que se forman teniendo en cuenta la confianza generada por el grado de parentesco antes que por la existencia de características en común. Además, como ya tuvimos ocasión de ver en otros capítulos, es muy difícil que todos los integrantes sean iguales a los ojos de la familia. Por eso, cuando surge algún problema muchos comienzan a echarse mutuamente las culpas y esto enturbia la relación laboral y personal. Claro que, también por obra y gracia de la confianza, podrán tirarse dardos tranquilamente sabiendo que luego las aguas de la familia sanguínea se aplacarán.

Como el hombre es el único ser que tropieza dos veces con la misma piedra, podrá conformar sucesivas sociedades familiares aunque siempre terminen mal. Y las justificaciones nunca serán pocas: "El momento no se prestaba", "No es bueno con los números", "No quiso hacerme daño", "Con la esposa que tiene...", "Si no se hubiese metido...". Para ser desdichado siempre habrá una segunda oportunidad (y una tercera y una cuarta...).

Cuando tu pareja trabaja con el suegro

Para los padres de hijas mujeres el yerno suele resultar el más indicado para obedecer su voluntad paterna de fracaso y, simultáneamente, lograr ganar una batalla en la eterna lucha por el amor de la hija. Por eso, es relativamente común observar suegros que "generosamente" les ofrecen a sus yernos el puesto de la empresa familiar que están seguros que no podrán desempeñar. Si es músico, bohemio y un tanto anárquico, nada mejor que darle un cargo en el que la puntualidad sea tan importante como el saco y la corbata. Y si le gusta viajar y moverse de un sitio a otro, nada más indicado que atornillarlo a un escritorio y asegurarle que la inmovilidad será su carta de triunfo.

"En esta empresa sí vas a llegar lejos", "No creas que en otra parte te van a ofrecer lo mismo que te ofrezco yo" o "Haceme caso y vas a triunfar" son algunas de las frases predilectas de estos suegros que cotizan su ayuda más alto que en Wall Street, es decir, que exigen por ella un pago en fracaso "contante y sonante". Les dicen que son su mano derecha, pero los yernos no pueden dar un paso sin consultarlos.

Consejo: En términos empresariales, el negocio no siempre sale redondo. A veces, es preferible deberle al Señor Banco que al Señor Suegro.

Cuando tu pareja trabaja con el padre

Aquí conviene hacer una diferencia entre trabajar juntos en un comercio o una Pyme y el desarrollo de una actividad profesional (abogacía, medicina, odontología, veterinaria, etc.). En el primer caso la elección de "aunar esfuerzos" puede llegar en cualquier etapa de la vida; en cambio, cuando alguien elige limpiamente la misma vocación que la paterna, seguramente lo mueven sentimientos arraigados de afinidad e identificación. En este caso, padre e hijo son como un bloque de hormigón armado difícil de quebrar. Probablemente exista respeto, confianza y aprendizaje mutuo, por lo que tu pareja no sufrirá la tensión psíquica que, como en el primer caso, puede originar del hecho de que trabaje con el padre.

Algunos hombres, para mostrar su independencia, desarrollan una actividad desvinculada de la familiar durante un tiempo y recién después comienzan a sentir que pueden "acompañar" a su padre en su misma actividad. Otros hijos que en vida del padre o el abuelo se privaron de tomar decisiones equivocadas, a la muerte de éstos son capaces de llevar literalmente a la quiebra en poco tiempo a empresas florecientes de varias generaciones (y muchas suegras, sin entender nada de negocios pero teniendo claros sus objetivos —¿cuándo no?— respecto de la familia, han producido los mismos resultados luego de tomar las riendas de la empresa del fallecido marido. Como ya sabemos, una suegra no se caracteriza por las relaciones diplomáticas).

Todo depende de la cuota de "gratitud" que un padre sienta que el hijo le adeuda. Lamentablemente, no todos tienen la capacidad de hincharse de orgullo hablando del hijo.

Tu madre, tu socia

La misma diferencia que en la díada anterior puede darse entre madre e hija. Por ejemplo, una hija puede elegir una especialidad diferente dentro de la misma profesión que la madre y trabajar en áreas afines (una es médica pediatra y la otra médica clínica; una, kinesióloga y la otra, traumatóloga; una maestra jardinera y la otra, administradora de un salón de fiestas infantiles, etc.). Todo funcionará bien en tanto y en cuanto no circulen constantemente frases como: "Yo, en tu lugar...", "Qué desordenada", "Ninguna plata te alcanza", "Soy tu madre", "Si tu padre te escuchara" entre otros, "No le cuentes a tu marido". Cuando estos enunciados superan el cincuenta por ciento del tiempo que "disfrutan" juntas, entonces el peligro es real. Es hora de trabajar para modificar el vínculo, o de cambiar de socia, o trabajo...

Cuando la nuera trabaja con la suegra

En el registro de estadísticas, son pocos los casos de nueras que trabajan A SOLAS con sus suegras. Podrán trabajar con el suegro, pero si tuvieran que elegir a una mujer preferirían vérselas con su propia madre. Por eso es que no nos extenderemos en el tema.

Cuando la pareja trabaja junta

Este caso se da con frecuencia en las parejas con hijos, o también en nuevas parejas que se conocieron justamente a partir de las relaciones laborales. ¡Imagínense cómo será el momento de comer románticamente a la luz de las velas! Es probable que de un momento a otro discutan sobre la transferencia bancaria o se inquieten por ese embarque de mercadería que no llega. También puede pasar que uno de los dos sienta que hace más que el otro y que si no fuese por él no llegarían a nada. Es importante entonces tratar de encontrar temas e intereses desvinculados del laboral. Poder separar las aguas es la clave de la armonía.

Si has soñado, querida lectora, con la magia de trabajar junto a tu dulce pareja (de la que antes admirabas su actividad desde afuera) y actualmente estás ganando tu propio dinero y eres valorada, ten en cuenta que todo debe estar bien pautado para que no haya margen de error respecto de las actividades que tu soñado príncipe espera de ti. Es muy bueno convenir previamente las tareas que cada uno desarrollará, sobre todo si él es "el monumento al perfeccionismo".

Arde Troya: la empresa familiar

Cuando una persona trabaja con la familia, ocupa distintos lugares y tiene diferentes roles. Se convierte en un "hombre orquesta", pero sin llegar nunca a ser el director. En estos casos, será necesario proteger los vínculos familiares y el negocio de manera simultánea.

La familia es conservadora, mientras que la empresa vive en el cambio. Hay que tener en cuenta que:
- el 75% de las empresas argentinas son familiares;
- el 75% de ellas no sobrepasan los siete años de vida (cuando

no se trabajan las dificultades de sus miembros)

Quiere decir que si ustedes desean que la empresa familiar dure más que un suspiro, hay que hacer algunas salvedades que siempre ayudan un poco. Por ejemplo, es importante tener en claro quiénes serán los miembros de la familia que trabajarán dentro de la empresa y en qué puestos. También dejar sentado si existirá una política diferente para los empleados que no son de la familia. Por ejemplo: en el tema de horarios (entrada, salida, cuánto tiempo se toman para almorzar, etc.), manejos del dinero, distribución de tareas, responsabilidades, mejoras salariales, capacitación, etcétera.

En muchas de estas empresas, se exige más a los miembros de la familia que al resto de los empleados para dejar en claro que no existen los favoritismos, o simplemente porque se considera que un hijo estará mejor preparado en un futuro si ha pagado su "derecho de piso" en la empresa. Ser "el hijo de papá" o "el preferido de mamá" tiene su costo.

A veces, por el famoso cliché del sacrificio y el esfuerzo, se le dan a un hijo tareas de menor jerarquía ("Te lo ganarás con el sudor de tu frente"). En otros casos se exige menos. En esas empresas, los miembros de la familia son beneficiados con toda clase de facilidades: sueldo, horarios, menores exigencias sin necesidad de que acrediten méritos o capacidad.

Puede ocurrir que uno de los hermanos sea más valorado o defendido. Esta falta de equidad, que existe en las mejores familias, toma mayor relevancia en el caso de la empresa familiar. Por eso decimos que:

- las metas tienen que ser claras (hasta que los hijos, nietos, etc.) crezcan;
- si hay hermanos casados, hay que delimitar en forma pareja el rol de las cuñadas dentro del negocio;
- será necesario elaborar un reglamento, aunque sea muy breve, para no improvisar y poder ser imparcial en el caso de que surja alguna dificultad;

En estos negocios, también se esconden algunos peligros:

Falta de comunicación. Se debe informar siempre en forma transparente de todo lo que sucede en la empresa.

Problemas intergeneracionales. Este tipo de empresas a veces están conformadas hasta por tres generaciones diferentes. Como es lógico, las perspectivas no siempre serán compatibles. Imagínense ustedes al socio fundador, que saltó de la cama a las cinco de la mañana preocupado por cubrir el banco y adelantarse a su competencia, tratando de encontrar grandes coincidencias con el nieto, quien está mucho más preocupado por su última visión en el espejo y suele llegar corriendo a la empresa familiar a conectarse en el *chat* con su última "transa" en el boliche. A simple vista, encontrar un punto en común parece más difícil que escalar el Everest.

Creer que solamente el afecto solucionará cualquier problema. Error. Ya lo sabemos, el dicho popular reza "los negocios son los negocios".

Así como en todo trabajo se nos "invita" a concurrir a encuentros sociales y a devolver la invitación, en estas empresas, cualquiera de ellas, se suma la obligación de tener que estar más tiempo con la familia. Además, por el hecho de pertenecer a ella, los otros conocen todas las excusas que ustedes podrían dar para evitar las horas extras (así como también será difícil ocultar el empapelado nuevo en toda la casa o la renovación del baño, y ni siquiera un mísero adorno escapará a los ojos de una suegra que conozca cuál es el retiro de dinero que ustedes hacen "por derecha"). El emprendimiento familiar no implica la obligación de verse por compromiso fuera de trabajo. Si puede hablarse de una regla de oro dentro de la empresa, posiblemente sea ésta.

Otro tema fundamental es cuando la mujer combina su trabajo con el del marido en una empresa familiar, ya que pueden darse dos situaciones: a) que la empresa pertenezca a la familia de su marido, b) que pertenezca a su propia familia de origen. En el primer caso hay que evitar que cualquier relación traiga roces con la pareja, para lo cual habrá que ver cómo se sitúa él dentro de su familia. Para la mujer, es bueno sentir que no están haciéndole un favor al "permitirle" trabajar allí con ellos. En el segundo caso, hay que ver cuál es el lugar que ocupa la mujer dentro de su propia familia y el rol de valorización que ocupa él. Deberán encontrarse funciones útiles, reconocidas y autónomas. Hay que pautar si el horario es fijo o móvil, si se recuperan de algún modo las horas que no se hayan cumplido por los hijos. Por supuesto que la diferencia de este puesto con respecto a otro independiente es que estos hijos tuyos son nietos de los dueños de la empresa.

Mi experiencia como psicóloga me dice que a veces, bajo una supuesta problemática de pareja se esconde una relación no airosamente resuelta con la propia familia de origen. Uno de los motivos más frecuentes de consulta es esta sensación de que los suegros o los padres les salvan la vida como si fueran Cristo redentor. **Hay que tener en cuenta que cualquier dificultad originada en la infancia influirá muchísimo en el vínculo actual.** Esto no sería motivo de preocupación si no existiera una relación laboral estrecha.

La pareja involucrada en el negocio familiar, tanto si la empresa es de la familia de ella como si es de la él, se sentirá como en una cinchada, tironeada y presionada de todos lados. Un concepto importante es que el hombre debe filtrar suficientemente los mensajes familiares y dejar pasar sólo lo positivo, sin por eso caer en la culpa y el autorreproche. Valorarse a sí mismo y a la pareja.

Todo emprendimiento familiar es complicado, pero llevarlo a cabo no es imposible. Cuando hay respeto y entendimiento en las relaciones, las reyertas son excepcionales y/o anecdóticas porque existe el valor agregado de la confianza y el cariño. Es realmente muy grato poder trabajar con los hijos y sentir que junto a ellos también se puede crecer e intercambiar experiencias. Siempre que les demos las alas para crecer y demostrarlo...

14
Suegras "sobreocupadas" versus suegras "desocupadas"

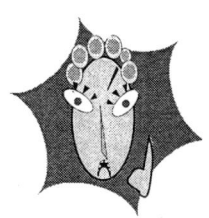

Las suegras, como los pingos, se ven en la cancha. Hay ciertos momentos en la vida de una suegra en los que la pérdida total o parcial de protagonismo es ineludible. Uno de los más relevantes es el casamiento de los hijos, y también se las ve negras cuando tiene que festejar el primer cumpleaños del hijo en la casa de la otra. Pero quizás el más altamente competitivo sea el nacimiento de los nietos. Es un momento de conmoción emocional sumamente álgido que moviliza a revivir experiencias del pasado, pero fundamentalmente representa para una suegra la certeza irrefutable de que su hijo no sólo está en pareja (lo cual ya es bastante para una madre), sino que además tiene una familia de la que disfruta. Y para colmo de males, al hablar de su familia ya no se refiere a la familia primaria. Piensen en la cara de una suegra, por más moderna que sea, escuchando a su hijo decir "mi familia" sin incluir a la madre (más aún si ella ha hecho muchos sacrificios para que pueda lograrlo). Como ustedes se imaginarán, si esta suegra es muy posesiva, con seguridad se sentirá excluida y lo hará saber.

¿Con quién dejo al nene?

Quién no se ha visto abrumada desde el momento del embarazo y más todavía con el nacimiento del bebé, por el peso de las instrucciones de la suegra a la hora de cambiarle el pañal, sostenerlo correctamente y, por qué no, interpretar acertadamente sus llantos (sobre todo cuando deja entrever que está fastidioso por la "ineficiencia" materna). Ella no se privará incluso de darte cátedra también acerca de cómo criar a tu hijo adolescente en estos tiempos difíciles.

El cuidado de los hijos mientras la madre trabaja es siempre una preocupación, por eso conviene no olvidar nunca que en el momento de dejarlos con alguien habrá que contar con "ella".

Hay una serie de cosas que deberás tener en cuenta si tu suegra se queda en tu casa para cuidar a tus hijos, como prestar más atención a la limpieza y al orden porque te dará un poco de vergüenza tener todo patas para arriba por más que ella no sea de las suegras que pasan el dedito por los muebles para comprobar si hay tierra. Pero debes evitar llegar al extremo de tener que hacer las camas, acomodar el living, hacer el jardín, tener en la heladera su bebida favorita, etc., sólo para que ella se quede dos horitas cuidando al bebé.

También hay que estar atenta a que no surjan rivalidades con la otra abuela por quién de las dos está más tiempo con el nieto. Y si existe algún tipo de fisura entre ellas, debes procurar que no se la inculquen al chico.

> Si se presentara alguna situación difícil de resolver, deberá ser tu pareja quien actúe para que esta relación no afecte negativamente al matrimonio. Recuerda que lo que dice la nuera se olvida más rápidamente que lo que dice el hijo.

Desfile de suegras. Tres botones para una muestra

A continuación, te presento un desfile de suegras. Las hay de corte moderno, de línea clásica y otras del tiempo del ñaupa. ¿Cuál de ellas se parece más a la tuya?

—Estoy a punto de entregar la tesis. Me faltan las correcciones finales.

• SUEGRAS •

—Es muy bueno que no descuides los detalles. Además, tu tema es súper-interesante.
—Creo que quedó muy bien. Estoy contenta de haberme decidido. Era cuestión de ponerse a trabajar.
—¿Viste que al final pudiste con todo? Sos muy organizada, y por suerte la *family* te acompaña.
—¿Tenés unos minutitos así hacemos un brindis por adelantado y, de paso, festejamos tu ascenso en el laboratorio?
—Bueno, un ratito sí. Mientras tanto, voy llamando al radio-taxi. Nos va a dar el tiempo justo. ¡Ah... y no te olvides que a las ocho vengo a buscar al nene!

Adivina adivinador... ¿qué relación crees que tienen los personajes de este diálogo? Voy a darte algunas opciones: ¿Viejas amigas de la infancia? ¿Hermanas afectuosas? ¿Una suegra y una nuera? ¿Alumna y profesora? ¿Madre e hija...?

Para aquellas que acertaron, puede ser el recorte de un diálogo entre una suegra sobreocupada moderna "con alto voltaje de responsabilidad" y una nuera agradecida. Ambas lograron un entendimiento basado en la compatibilidad más que en la competencia y tienen en común motivos para festejar.

Pero no todas las suegras sobreocupadas son iguales. En el siguiente ejemplo, veremos otros estilos de suegras con agenda completa:

—Estoy a punto de terminar la tesis. Me faltan las correcciones finales.
—¿Y cuándo es eso?
—El miércoles sin falta.
—Ahhhhh, tenés tiempo.
—Sí, pero tengo varias reuniones de trabajo.
—Bueno, cualquier cosa podés faltar a alguna. Yo el otro día falté al voluntariado de la salita.
—Pero con todo lo que aumentaron los insumos, hay muchas cosas que resolver.
—Podés retomar el trabajo después del miércoles. En mis clases de Tarjetería Española, también tuvimos que postergar las entregas por la misma causa.

La nuera, viendo que la suegra jamás podrá entender el nivel de

responsabilidad de su trabajo, se da por vencida y cambia de tema.
—¿Podrían tener a los chicos el domingo?
—MMmmm... Pablo está muy cansado. Y yo tengo que adelantar la muestra de las tarjetas. Si querés, un ratito después de la siesta.

Tomé el caso de la misma nuera en diálogo con dos tipos de suegras muy distintas que podrían tocarle en suerte. En el primero, la suegra comparte el mismo nivel de ocupación y preocupación que la nuera y entiende la importancia que tiene para ella culminar su carrera con la anhelada entrega de la tesis. Si bien tienen actividades diferentes, la forma de encarar los proyectos y la cantidad de endorfinas que esto les genera son bastante parecidas. Dentro de su rutina, deja un lugar para compartir su tiempo con los nietos en el momento en que la nuera lo necesite. Sabe bien lo que cuesta ser una mujer orquesta en la casa y en el trabajo.

La suegra del segundo ejemplo, que podríamos rotular como suegra sobreocupada "con bajo voltaje de responsabilidad", está muy entretenida pero en tareas delegables. El mundo podría seguir girando sin su presencia y nadie esperaría de ella su salvación. Puede compartir con su nuera anécdotas aisladas, pero nunca habrá entre ellas un entendimiento total.

Existe un caso más grave aún en el variado abanico de las suegras y es el de aquellas que no se parecen en nada al correcaminos del dibujo animado como las de los ejemplos anteriores. No tienen proyectos propios, suelen estar desganadas y nunca se morirían de estrés. Miden sus movimientos para no sobreexigirse y están tan pendientes de sí mismas que no les sobra mucho tiempo para los demás. Se dedican a ellos siempre y cuando no les alteren su planificación diaria, consistente en actividades tales como visitas a los médicos, peluquería y llamados telefónicos al trabajo del marido y a la casa de los hijos. Cualquiera de nosotros sentiría pasión por agregarles a estas suegras una dosis de actividad. Veamos qué sienten ustedes con una suegra como la que les presento a continuación. Tengan el gusto de conocerla.

Son las once y media de la mañana. Claudia ya llevó a los chicos al colegio, pasó por el juzgado para ver el expediente de su nuevo

cliente y hasta hizo las compras. Cuando suena el teléfono, atiende agitada:
—¡Hola!
—Hola... ¿Estabas durmiendo?
—No. Para nada.
—Tenés voz de cansada.
—Corrí un poquito.
—Yo también. Fui a la panadería. Preparé unos mates. Y ya hablé con tu suegro.
—Ah, bueno (deseosa de cortar pensando en el día que le espera...).
—¿Viste el programa "El clon"?
—No pude.
—Ah.
—...
—¿Y Luisito y Melanita?
—Están en la escuela.
—¿Cuándo tienen las vacaciones?
—Todavía faltan dos meses...
Después de este *report* diario, da por terminada su conversación.
—Bueno, me voy a poner a freír las milanesas. Así después me acuesto un rato. El médico me recomendó que no me sobreexigiera.

El siguiente axioma se cumple a rajatabla en la vida de todo ser humano: cuanto más "ocupada" y plena esté nuestra suegra, cuanto más vasto sea su campo de acción (léase: amigas, *hobbies*, talleres, cursos, golf), menos se "ocupará" de nosotras. Por eso les sugiero, queridas lectoras, que traten de recomendarles la mayor cantidad posible de actividades de esparcimiento. Los siguientes ejemplos les servirán de fuente de inspiración.

Sugerencias para mantener "ocupada" a una suegra

- Consultar a ese homeópata famoso que le solucionará todos sus problemas y que atiende una vez por semana en la capital de un país limítrofe.
- Engancharla en la novela más taquillera de la tarde, que se emite justamente en el horario en que a ella le gusta llamarte por teléfono.

- Seguir por cable y las veinticuatro horas del día el *reality-show* del momento.
- Hacer un curso de pátinas en la otra parte del mundo.

Por supuesto que este axioma también se aplica a nosotras (descontando la parte de las recomendaciones) en nuestra preparación espiritual para el día en que seamos suegras.

> Tener la mente ocupada con ideas y proyectos positivos, por minúsculos que sean, nos permitirá soltar más a nuestros hijos y dejarlos volar sin que sientan angustia. A mayor ocupación, mayor nivel de endorfinas y serotonina, y menor demanda hacia los demás.

Si lo único que una suegra tiene en la mente son los hijos y los nietos, lo más probable es que no tenga vida propia y todo lo espere de ellos. Incluso su propia felicidad.

LA CYBER SUEGRA

No pude soportar que mis amigas se intercambiaran sus direcciones de *e-mail* como antaño lo hacían con las recetas de cocina. Y yo fuera del circuito. Así que, finalmente... ¡me compré la computadora! Cambié el *interlock* por internet. El chapar por el chatear. La hernia de disco por el disco rígido. El tic nervioso por el doble *click*. La medibacha por la multimedia. En lugar de engordar... me maximizo. Vivo pendiente de los *e-mails* que pudiera recibir. Padezco una compu-dependencia compulsiva.

Pero, al menos, mejoré la relación con mi nuera y con mi hijo. Con ellos me comunico a través de los *mails*. Y ya no corro el riesgo, el peligro, de despertarlos con mis llamadas inoportunas, ni de respuestas desganadas, apuradas o agrias. No me entero si, al leer el *mail*, mi nuera dice: "¡Qué divina es tu mamá, nos mandó un *mail*, ya se lo estoy contestando!", o dice: "¡Otra vez tu vieja hinchando los Web! Contestáselo vos, que para eso es tu madre". Y si no me responden pronto, no me corto ni las venas ni los cables. Tampoco se me cae la moral... Sólo pienso que se les cayó el sistema.

Hilda Levy
"Suegras, Nueras
y Cuñadas".

15
La "suegrastra", una enemiga en común

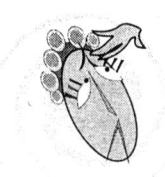

Hasta hace apenas unas pocas décadas, divorciarse, volver a casarse y tener hijos de diferentes matrimonios era algo relativamente novedoso y polémico. Hoy transitamos nuevos rumbos, que han ido delineándose en los últimos años del siglo XX. No faltan las familias de tipo tradicional (padre, madre e hijos viviendo bajo el mismo techo), pero el aumento del número de divorcios y los casamientos en segundas o terceras nupcias constituyen una tendencia creciente.

Aunque las estadísticas señalan que el índice de separaciones es mucho más alto que veinte años atrás, eso no quiere decir que antes las parejas no se separaran. Lo hacían, pero las cosas eran más oscuras, ocultas, silenciosas, privadas, y en raras ocasiones las personas separadas volvían a formar abiertamente otra familia.

Por otra parte, los abuelos vestidos como viejecitos en la plaza o cuidando a los nietos como única actividad también se encuentran en vías de extinción. Actualmente, los mayores están tan activos como sus hijos y nietos, y hasta la tradicional costumbre de ir a visitarlos los domingos ha quedado en el recuerdo. Se hace, pero no con la obligatoriedad de otros tiempos.

Parecen, pero no son

A pesar de su clásico gesto de Hada Madrina protectora, la presencia de una suegrastra suele ocasionar una gran movilización individual y familiar. A los hijos de su pareja les permite revisar la imagen paterna y apreciar aspectos nuevos y positivos. O por el contrario, descubrir esos puntos oscuros que la madre solía atribuirle y ellos nunca habían advertido. Si la madre no volvió a formar pareja, es probable que tomen partido por ella y descalifiquen al padre. En el caso contrario, se sentirán más relajados porque dejarán de vivir la relación con ellos como una traición a uno u otro.

¿Recuerdan el juego de los errores? Consiste en encontrar un número de diferencias muy sutiles entre dos dibujos que parecen idénticos y que el dibujante se ha encargado de disfrazar. También hay diferencias entre una suegrastra y una suegra, aunque en el juego de la vida lo más probable es que la recién llegada trate de diferenciarse lo más posible del modelo original. Veamos algunas de estas diferencias. Una suegrastra:

- Al pertenecer a otro linaje, no es una suegra "pura sangre".
- No le importa si tu hijo dejó la facultad para irse a meditar al cerro Uritorco. Tampoco te culpabilizará por eso.
- No necesariamente husmea al oído de su pareja cosas malas sobre ustedes todo el tiempo.
- Goza sinceramente de tu compañía.
- Todavía disfruta de estar a solas con su pareja y hasta se toman de la mano cuando escuchan un bolero de Luis Miguel.

Lo cierto es que, mientras viva la nuestra, una suegrastra jamás será una suegra.

Suegro reciclado a nuevo

Hasta la época de nuestros padres, lo más extravagante que podía ocurrir en una familia tradicional era que el tío tuviera la misma edad que el sobrino. Ambos podían compartir juegos, amigos y hasta noviecitas. Se trataba de los famosos hijos de la vejez o de la plenitud, también llamados "fibromas con patitas", y solían ser producto de una pretendida renovación matrimonial.

En nuestros tiempos de grandes revoluciones familiares, una de las escenas más frecuentes es la de un hombre maduro jugando en el arenero con un chico pequeño que no es justamente el nieto (mientras que a la mujer cada nueva cana viene a ratificarle el fin de su fertilidad aunque sólo tenga cuarenta años, al hombre le da un tono sensual y refuerza su "instinto de procreación"). Es decir que este suegro reciclado a nuevo puede llegar a ser nuestro suegro por obra y gracia de la modernidad.

No se trata entonces del suegro promedio al que tuvimos ocasión de conocer en capítulos anteriores. Ya no responde a los designios de tu ex suegra porque está "en otra", "con otra". Podrá vérselo más relajado y próximo a ustedes, porque se encuentra viviendo una tercera juventud. Incluso puede llegar a unirse a una mujer que viva la maternidad por primera vez. En otros casos, si forma pareja con alguien más joven, podrá dedicarse a cuidar a los hijos de ella sin asumir la responsabilidad de una nueva paternidad. Y no le inquietará tanto el alejamiento de sus otros hijos porque ahora tiene proyectos nuevos.

A este suegro ni le interesa cómo terminó la última disputa entre ustedes (vos y tu suegra) porque él ya no duerme con ella. Está viviendo con bríos la nueva historia y está menos pendiente de inmiscuirse en conflictos de alto vuelo con nueras, yernos y otras delicias de la vida familiar. Incluso puede llegar a compartir contigo rencores contra su ex.

Algo en común

Si atesoras abundante material sobre la epopeya de tus suegros, lo más probable es que una suegrastra pretenda que le develes tu versión de los hechos para sacar sus propias conclusiones. Bien sabe que una interpretación más desapasionada y fiel le permitirá conocer aspectos recónditos de su nueva pareja, además de enseñarle a no caer en los mismos errores que la anterior.

Piensa que, por distintos motivos, una suegrastra es la única persona que puede odiar a tu ex suegra casi tanto como tú. Hasta puede llegar a mantenerla "ocupada" para dejarte el camino libre. ¡Imagina cuántos temas tiene para controlar...! En muchos casos, incluso se ve en la obligación de recibir una porción del veneno antes destinado únicamente a ti.

¡Salud por los nuevos tiempos!

16
¿Y si ya no la tengo?
Cómo sobrevivir sin suegra

Llega un señor a una funeraria y le dice al que atiende:
—Necesito un servicio para mi suegra.
El otro le responde:
—Sí claro, tenemos uno muy bueno que vale quince mil pesos.
—¡Es muy caro! ¿No tiene uno más económico?
—Por supuesto, pero es menos alegre.

¿Acaso no has sentido alguna vez, querida lectora, un poquito de envidia hacia esas afortunadas a las que no les tocó en suerte tener una suegra? ¿No te parece que la pasan bomba y están exentas de problemas?

A lo largo de este capítulo veremos que, incluso en esos casos, no todas son rosas. En primer lugar porque una suegra es un fabuloso chivo expiatorio para endosarle nuestras cuitas. El personaje por excelencia para culpabilizarlo de todo al mejor estilo Woody Allen. Quiere decir que su ausencia nos complica la vida ya que tendremos que lanzarnos a la caza de otra "presa".

Pero ésta no es la única desventaja. Aunque no lo creas, con buena voluntad podemos encontrar otras, como por ejemplo:

- Ya no volverás a escuchar el capítulo "Anécdotas sobre mi hijo" (de cuando dejó el chupete y aprendió a hablar) por milésima vez.
- No podrás verla disfrutar de tu bienestar, tus logros y tu compañía.

- Te falta la "madre" de todas las disputas.
- Te quita el goce de encontrar motivos para pelear con tu pareja.
- No tienes a quién atribuirle directamente todas tus desgracias.
- Los hechos no pueden confirmar tus peores predicciones.

Pero tampoco vayas a pensar, querida lectora, que todas son "pálidas". También es posible gozar de algunos beneficios, por ejemplo:
- Nunca llegará de visita un domingo a las ocho de la mañana.
- No sembrará cizaña con tus hijos.
- No llamará por teléfono a cada rato al hijo para "compartir" sus preocupaciones.
- Su "ayuda" no será medible en la escala de Richter.
- No habrá más historias de las desventuras que hubo de padecer para criar a sus hijos.
- Para que no sufras tanto y puedas sobrevivir sin ella, te dejó una o varias sucesoras (tus amadas cuñadas).

Como habrás podido comprobar, el hecho de no tener la interferencia real y concreta de una suegra tiene sus encantos. Pero lamento decirte que según la psicología —y sin entrar en asuntos místicos—, su accionar posee un alto poder residual cuando ella ya no está.

A determinada altura de la vida, el hombre ha sabido internalizar una batería de mandatos y deseos maternos que aplica a todas las cosas. A veces, estos mandatos han sido reforzados por un toque de realidad en el lecho de muerte de los padres. Pero la ausencia física de una madre no hará necesariamente que sus enseñanzas queden en el olvido, ya que ella se habrá ocupado de sembrar su semilla. Como salidos de la galera, en cualquier momento aparecerán estos mandatos, seleccionados según la ocasión.

Imagina una salida con tu familia, y a tu marido, a más tardar cada quince minutos, asociando cada escena con la madre ausente. Tú te rompes la cabeza tratando de entender cómo es posible que todos los caminos conduzcan a Roma. Es que el trabajo que ha hecho en vida la hortelana ha sido un éxito. Y no pienses que este oficio es cosa sencilla. ¡Es un verdadero arte!

Lidiar con un fantasma

Este tema merece una especial atención. Si nos ponemos un poco serios, compartiremos algunas ideas.

Después de la muerte de un ser querido, es común la propensión a idealizarlo mediante la atribución de reacciones acordes a lo que se supone correspondería a su forma de ser. Pero esta idealización a veces se dispara tanto, que puede convertir en "Madre coraje" a la peor madre del mundo. Un hijo que ha tenido con su madre una relación muy conflictiva, cargada de rencor y resquemores, puede ocurrir que, al perderla, la recuerde entre sollozos totalmente transformada al proyectar en ella sus mejores deseos y pintar el cuadro con sus propios colores. Logrará transformar en virtudes los más recónditos defectos maternos como si fuera un alquimista, pudiendo incluso llegar a imaginar que han tenido una relación inversamente proporcional al vínculo real que existió entre ellos. A mayor conflictividad en la relación, más le costará a este hijo elaborar el duelo.

Si es el caso de tu amado compañero, querida lectora, ya te habrás dado cuenta de que no puedes intervenir en sus diálogos interiores para orientarlo y abrirle la cabeza. Y además, es probable que sientas una mezcla de compasión e impotencia cuando se lamenta, por ejemplo, de que no podrán contar con ella en el futuro para llevar a los chicos al colegio cuando ni siquiera se molestó en ir al sanatorio el día que nacieron. No hubo tiempo para verificarlo, pero si hicieras una progresión aritmética de la generosidad de su suegra seguramente resultaría negativa. Por eso digo que lo importante no es su ausencia, sino cómo tu pareja la viva.

Un buen duelo por el ser querido permite humanizarlo y verlo con sus defectos y virtudes. Identificar qué aspectos tomar de él y evitar ser meros continuadores de su obra. Evitará las culpas difíciles de superar...

Pero no hay que desanimarse. No es el fin del mundo que "ella" ya no habite el Reino de los Mortales. Espero que luego de leer este capítulo hayas llegado a la misma conclusión: si bien no es tan sencillo, es posible sobrevivir sin suegra.

17
La excepción que confirma la regla: suegras que nunca dan problemas

Tengo que confesarles que dar con una suegra excepcional y que fuera más o menos conocida me resultó como buscar una aguja en un pajar. A esta altura del libro, se darán cuenta de que ésos no son los sentimientos clásicos que una suegra despierta. La siguiente es una historia muy rica que nos deja algunas enseñanzas. Digna de envidia para todas nosotras.

La Biblia recoge en forma novelada una antigua tradición referente a una extranjera del tiempo de los Jueces llamada Rut, nombre que significa "La Amiga", "La Compañera". Se trata de una mujer moabita, viuda de un hombre judío, que por seguir incondicionalmente a su suegra se traslada a Israel y abraza la fe de su esposo difunto:

"Durante el tiempo de los Jueces hubo una gran sequía en el país, y un hombre de Belén de Judá emigró a los campos de Moab, con su mujer y sus dos hijos. El hombre se llamaba Elimélec, su esposa, Noemí, y sus dos hijos, Majlón y Quilión: eran efrateos, de Belén de Judá. Una vez llegados a los campos de Moab, se establecieron allí.

Al morir Elimélec, el esposo de Noemí, ella se quedó con sus hijos. Éstos se casaron con mujeres moabitas —una se llamaba Orpá y la otra Rut— y así vivieron unos diez años. Pero también murieron Majlón y Quilión, y Noemí se quedó sola, sin hijos y sin esposo. Entonces se decidió a volver junto con sus nueras, abandonando los campos de Moab, porque se enteró de que el Señor había visitado su pueblo y le había proporcionado alimento. Así abandonó, en compañía de sus nueras, el país donde había vivido.

Mientras regresaban al país de Judá, Noemí dijo a sus nueras: 'Váyanse, vuelva cada una a la casa de su madre. ¡Que el Señor tenga misericordia de ustedes, como ustedes la tuvieron con mis hijos muertos y conmigo! Que el Señor les dé un lugar para vivir tranquilas, en compañía de un nuevo esposo'. Y las besó. Pero ellas prorrumpieron en sollozos y le respondieron: 'No, volveremos contigo a tu pueblo.

Noemí insistió: Regresen, hijas mías. ¿Por qué quieren venir conmigo? ¿Acaso tengo aún hijos en mi seno para que puedan ser sus esposos? Vuélvanse, hijas mías, vayan. Yo soy demasiado vieja para casarme. Y aunque dijera que todavía no perdí las esperanzas, que esta misma noche voy a unirme con un hombre, y que tendré hijos, ¿esperarían ustedes hasta que ellos se hagan grandes? ¿Dejarían por eso de casarse? No, hijas mías; mi suerte es más amarga que la de ustedes, porque la mano del Señor se ha desatado contra mí.

Ellas volvieron a prorrumpir en sollozos, pero al fin Orpá despidió a su suegra con un beso, mientras que Rut se quedó a su lado. Noemí le dijo: Mira, tu cuñada regresa a su pueblo y a sus dioses; regresa tú también con ella. Pero Rut le respondió: No insistas en que te abandone y me vuelva, porque

> Yo iré adonde tú vayas
> y viviré donde tú vivas.
> Tu pueblo será mi pueblo
> y tu Dios será mi Dios.
> Moriré donde tú mueras
> y allí seré enterrada.
> Que el Señor me castigue
> más de lo debido
> si logra separarme de ti
> algo que no sea la muerte'.

Al ver que Rut se obstinaba en ir con ella, Noemí dejó de insistir. Entonces caminaron las dos juntas hasta llegar a Belén. [...]

Así regresó Noemí con su nuera, la moabita Rut, la que había venido de los campos de Moab' ".

• Suegras •

Se conocen muy pocos casos en los que la mujer adore a su suegra sin estar del todo enamorada del marido. Lo más común es que cuando comienzan a suscitarse fuertes sentimientos negativos hacia la pareja, ese odio se expanda como el aceite a toda su familia, independientemente de lo que cada uno sienta. Es evidente que los hijos de Noemí habían podido conciliar sus roles de hijos y esposos, y sus mujeres atesoraban buenos momentos con ellos como para sentir afecto por esta suegra. Ella, por su lado, si bien advirtió narcisísticamente que sus nueras habían quedado "encantadas" con su sangre, las instó a que no esperaran otro hijo de su seno. Noemí seguramente debe de haber prestado mucha atención a la ley oral acerca de cómo tenía que proceder aquella suegra que deseara formar un buen vínculo con las esposas de sus hijos. No habrá hecho tan mal las cosas si ambas nueras, en el primer impulso, han querido irse con ella.

La Biblia no analiza la relación con la suegra, pero podemos inferir que Rut había hecho un corte simbólico con su familia de origen y había dejado a sus dioses para abrazar la creencia del marido, con quien vivió feliz. Hasta su propio nombre hablaba de compañerismo. Este corte es indispensable para la paz conyugal.

Elimélec, el esposo de Noemí, había sido un hombre con presencia y decisión. En la época de la sequía, había buscado un lugar adecuado para darles a los suyos un buen sustento. Quiere decir que no sólo supo brindarles cobijo emocional, sino también material. Pero Rut no era una nuera que se durmiera sobre su herencia. Veremos que prefirió ir tras los campesinos y postrarse a recoger espigas en el campo:

"...Noemí tenía, por parte de su esposo, un pariente muy rico llamado Booz, de la familia de Elimélec. Rut, la moabita, dijo una vez a Noemí: 'Déjame ir a recoger espigas al campo, detrás de alguien que me haga ese favor'. 'Puedes ir, hija mía', le respondió ella. Entonces Rut se puso a recoger espigas en el campo, detrás de los que cosechaban, y tuvo la suerte de hacerlo en una parcela perteneciente a Booz, el de la familia de Elimélec. En ese preciso momento, llegaba Booz de Belén y saludó a los cosechadores, diciendo: El Señor esté con ustedes'. 'El Señor te bendiga', le respondieron. Booz preguntó al capataz: '¿De quién es esta muchacha?'. El capataz le respondió: 'Es una joven moabita que volvió con Noemí de los campos de Moab. Ella pidió que le permitieran recoger y juntar las espigas detrás de los cosechadores. Desde que llegó por la mañana, ha estado de pie todo el tiempo, y ahora está aquí descansando un poco'.

Entonces Booz le dijo a Rut: '¡Óyeme bien, hija mía! No vayas a recoger espigas a otro campo ni te alejes para nada de aquí; quédate junto a mis servidores. Fíjate en qué terreno cosechan y ve detrás de ellos. Ya di orden a mis servidores para que no te molesten. Si tienes sed, ve a beber en los cántaros de agua que ellos saquen'. Rut se postró con el rostro en tierra y exclamó: '¿Por qué te he caído en gracia para que te fijes en mí, si no soy más que una extranjera?'. Booz le respondió: 'Me han contado muy bien todo lo que hiciste por tu suegra después que murió tu marido, y cómo has dejado a tu padre, a tu madre y tu tierra natal, para venir a un pueblo desconocido'."

No es casual que la Biblia continuara el relato con la escena de la cosecha. El mensaje pretende mostrar la grandeza espiritual de Rut al negarse a descansar sobre la herencia ganada. Ella bien podría haberse quedado en su tierra con los bienes materiales ya asegurados (como tantas otras viudas), pero no dudó en el camino a seguir.

No te asustes, querida lectora, no es un deber parecerse a la abnegada Rut, especialmente si no eres tan afortunada de tener una suegra como Noemí, que aunque ya no tiene hijos para poseerlos les da a sus nueras el permiso y hasta la bendición para casarse nuevamente y rehacer sus vidas.

Habría que sacarse el sombrero ante uno de los pocos casos de una suegra verdaderamente querible. Otra en su lugar, una suegra común y silvestre, habría dado cualquier cosa para que la nuera dejara a su amado hijo EN VIDA y cayera en brazos de otro hombre. De esa forma él podría llegar a la conclusión de que nadie lo quiere como la madre.

Si tu suegra responde al menos a cinco de los siguientes ítem, puedes darte por satisfecha, tienes una suegra realmente excepcional:

• Suegras •

Requisitos para que una suegra sea considerada "persona grata"

- Es capaz de ocuparse de tus hijos y cubrirte en esos momentos críticos para cualquier mujer (ir a la depiladora, al *spa*, concurrir a charlas y talleres, etc.).
- Antes de que lleguen la vacaciones ya está atenta a todos los paquetes promocionales para que disfrutes con tu familia.
- Te sirve primero que a tu marido (el hijo) y la porción más abundante, cuando no estás a dieta.
- En los cumpleaños de los chicos no se mantiene como una invitada crítica, sino que se remanga a la par tuya.
- Al pararse frente a una tentadora vidriera de liquidaciones, siempre te tiene en cuenta.
- Es capaz de reconocer sinceramente que una de las decisiones más acertadas de su hijo fue elegirte.
- Como está muy informada, te proporciona datos para tu crecimiento profesional.
- Sabe elegir el momento adecuado para llegar y también para irse.
- Se priva de la satisfacción de subrayar tu última falta.
- Entiende a donde querés llegar.

Sabido es que ni el hombre ni la mujer fueron creados perfectos. Por eso, es de suponer que un altruismo tan grande no siempre se encuentre en una suegra. Si hasta tu perfecta madre puede tener ambivalencias, por qué esperar cosas imposibles de una suegra...

Noemí comprendió que para estar más cerca de sus hijos no debía excluir a sus nueras.

> Aprendamos nosotras que QUIEN FORMA Y CONDICIONA POSITIVAMENTE EL VÍNCULO es la suegra. Debe esmerarse más, porque es la que tiene más para perder. Tengámoslo en cuenta.

• Beatriz Goldberg •

El loco circuito de la comunicación con una suegra

En todas las familias existen determinados mitos que se sostienen a rajatabla a través del tiempo como si fueran contenidos bíblicos. Estas creencias organizadas, en cuyo nombre la familia mantiene y justifica muchas pautas, son apoyadas y compartidas por todos sus miembros.

Aun antes de que lleguemos al mundo, nuestra familia tiene un lugar destinado para nosotros. Inevitablemente seremos el primer hijo, el del medio o el benjamín; el menos mimado, el más consentido o el preferido de mamá. Inevitablemente también seremos el más inteligente, el más serio o el menos simpático.

El mito familiar, incluso cuando en apariencia se refiera a una sola persona o a dos en particular, siempre involucra al resto del grupo. Como ocurre en las empresas, donde se realizan búsquedas internas o externas para encontrar un buen operador de PC o un gerente de producto con habilidades en relaciones públicas, también la familia se ocupa de dar con la persona indicada para el rol "vacante". Quiere decir que si has tenido la suerte de caer en una familia donde se requiera de alguien olvidadizo, "amigo de lo ajeno", que preste la oreja a todo el mundo o el que todo lo soluciona, entonces, por obra y gracia de la necesidad familiar, serás afortunado y podrás gozar de tus atributos.

Si desde chico te han asignado un determinado papel en la familia, mucho te costará posicionarte en otro distinto. Se necesita ser muy creativo para inventarse otro puesto o caer en manos de un buen psicólogo y/o una de esas esposas que saben "descubrir talentos" (Ser creativo significa tener la necesidad, la satisfacción y el entusiasmo de encontrar el sentido de la vida e ir modificándolo a través del tiempo y de las crisis. El ser creativo es un ser en constante transformación). A veces, algunos pacientes vienen a la consulta sólo para fortalecer un viejo mito familiar que empieza a perder forma y fuerza.

Siguiendo con los ejemplos de lo que ocurre en las mejores familias, existe una comunicación entre sus integrantes que potencia y justifica esta asignación de roles. En ella no todo lo que se dice es ni tan lineal ni tan unívoco. No siempre un miembro le dice al

• Suegras •

otro exactamente lo que piensa, ni siempre el otro tiene ganas de desmenuzar metamensajes.

Esta comunicación no es sólo verbal, sino que el humor, la risa artificial, las expresiones faciales, los gestos y la entonación también desempeñan un papel importante por su posibilidad de esconder una hostilidad real bajo la apariencia de un juego metafórico (Una sonrisa socarrona de una suegra tiene un significado muy claro, aunque paralelamente nos esté alabando como si fuéramos las reinas de Saba). ¿Quieren saber cómo suelen iniciarse las guerras familiares? Generalmente son por causa de una interpretación no del todo coincidente de algo que se dice. Cualquier parte de la secuencia del doble mensaje puede bastar para desencadenar pánico o rabia.

Como verán, todos estos factores juntos dan como resultado un circuito loco de la comunicación. En un circuito sano los mensajes son claros, tienen una sola lectura y están basados en el libro de la realidad. En uno enloquecido como el que muchas veces se tiene con la suegra, nunca nada es lo que parece. Y si es de esas suegras que rara vez se sienten motivadas a aceptar a una nuera en gracia, digas lo que digas nada la conformará.

¿Sabían ustedes que cuando el maestro zen trata de llevar a un discípulo a la iluminación, una de las cosas que hace es sostener una varilla sobre la cabeza de éste y decir ferozmente: "Si dices que esta varilla es real, te golpearé con ella; si dices que esta varilla no es real, te golpearé con ella; si no dices nada, te golpearé con ella". Así también ocurre con una suegra: por más que te esfuerces y resignes lo mejor de ti misma, nada será suficiente. Cuantas más interferencias existan, más difícil se tornará el diálogo. La comunicación estará alterada, los mensajes se volverán esquizofrenizantes y cada una terminará enquistándose en su coloquio interior. Paradójicamente, este circuito es loco, pero no tanto. A veces, cumple una función operativa de mantener las aguas calmas y evitar que todo explote por los aires.

Por supuesto que no se necesita ser un agente de la CIA para poder decodificar algunos mensajes cifrados de una suegra. Hay astucias tan viejas como la humanidad que parecen llegar a todas las suegras como a través de una memoria celular. Son sus salidas clásicas. Aunque también existe para completarlas todo un conjunto de recursos y manifestaciones que tienen su propia impronta y aportan una cuota de originalidad (eso que hace que tu suegra sea única). Tomemos algunas de las primeras y tratemos de descifrar lo que REALMENTE esconden:

"Con vos, mi hijo se sacó la grande":
"Vos sí que con mi hijo te sacaste la grande".

"Yo no quiero influir": "Me muero de ganas de decir lo que pienso ¿cómo hago?".

"Yo lo hago por ustedes":
"Algún beneficio tengo que sacar".

"Por mí no se preocupen":
"Préstenme atención".

"Cuando mis hijos eran chicos...":
"Para vos todo es más fácil".

"Vos no te merecías que te pasara esto":
"Alguna vez te tenía que tocar".

"Yo tenía en cuenta a mi madre para todo":
"Podrían invitarme más seguido".

"¡Qué linda que estás!":
"No sé cómo mi hijo se fijó en vos, habiendo tantas pichinchas en su trabajo".

"Sos como una hija para mí": "Te tengo de hija".

¡Qué linda casa!: ¿dónde está el cuarto de huéspedes?

• SUEGRAS •

Entenderse con una suegra no es nada fácil. Como buena diplomática ella nunca declara oficialmente la guerra, pero la amenaza bélica siempre estará latente. En el mejor de los casos, habrá que vivir siempre bajo un constante toque de queda.

Palabras finales

Algún día también a ti te dirán "suegra". Espero que luego de leer este libro, cuando llegue el ansiado momento, conozcas bien ese paisaje que hoy ves desde este lado. Y si ya lo eres, trata de tener presente todo aquello que te causó dolor al estar del otro lado del río de la vida para no repetirlo con tu nuera. Ya sé que tratarás de no repetirlos y que harás otros porque por algo somos "humanos". Debes entender que amar a un hijo también significa darle el permiso —como lo tuvimos nosotros— de formar su propia familia, crecer y equivocarse por su cuenta si es necesario. Piensa que las experiencias de vida son intransferibles.

No sientas que tu nuera es la responsable de robarte el cariño de tu hijo. Recuerda siempre que él posee dos sentimientos completamente distintos: el cariño a sus padres y el amor a su mujer.

Y para su bien es lo mejor que le puede pasar siempre mientras halla elegido correctamente, ¿será así?

El humor puede solucionar muchas situaciones rispiantes. Adaptarse a una familia "política", no es nada fácil, este término no es casual. Debemos implementar todas las estrategias y tácticas que los políticos tienen, menos la corrupción.

Aprende a observar los defectos que tus hijos tienen y no sólo sus virtudes, para poder corregirlos en forma privada. Y no olvides que para disfrutar a tus nietos tendrás que poder negociar con sus padres. Por ellos vale la pena "cualquier sacrificio".

Recuerda que la que forma y condiciona positivamente el vínculo es la suegra. Y que siempre se cosecha lo que se ha sembrado.

Convivir y tolerar las diferencias, así como afinar las coincidencias, es parte de nuestro crecimiento personal. Las crisis siempre tienen que servir para fortalecernos... ¡Démosle la bienvenida!

Se terminó de imprimir en el mes de Marzo de 2004, en los talleres de,
GAMA Producción Gráficas SRL, Estanislao Zeballos 244 (1870),
Avellaneda Pcia. de Bs. As.